CEO的五项修炼

龙波 ✕ 著

清华大学出版社
北京

本书封面贴有清华大学出版社防伪标签，无标签者不得销售。

版权所有，侵权必究。举报：010-62782989，beiqinquan@tup.tsinghua.edu.cn。

图书在版编目（CIP）数据

CEO 的五项修炼 / 龙波著 . -- 北京 : 清华大学出版社 , 2025.6.
ISBN 978-7-302-69251-5

Ⅰ . F272.91

中国国家版本馆 CIP 数据核字第 2025XA5447 号

责任编辑：宋冬雪
装帧设计：青牛文化
责任校对：王荣静
责任印制：宋　林

出版发行：清华大学出版社
　　　　　网　　址：https://www.tup.com.cn，https://www.wqxuetang.com
　　　　　地　　址：北京清华大学学研大厦 A 座　　邮　编：100084
　　　　　社 总 机：010-83470000　　　　　　　　邮　购：010-62786544
　　　　　投稿与读者服务：010-62776969，c-service@tup.tsinghua.edu.cn
　　　　　质 量 反 馈：010-62772015，zhiliang@tup.tsinghua.edu.cn
印 装 者：三河市东方印刷有限公司
经　　销：全国新华书店
开　　本：148mm×210mm　　印　张：7.5　插　页：1　字　数：130 千字
版　　次：2025 年 6 月第 1 版　　印　次：2025 年 6 月第 1 次印刷
定　　价：88.00 元

产品编号：111906-01

领袖模型&五项修炼

五项修炼

E4S Open Empowerment 开放式赋能

- Share 分配&激励 — 10%
- Skill 流程&方法论 — 20%
- Structure 组织&干部 — 30%
- Strategy 战略&客户 — 40%

领袖模型

一 驾驭
1. 复杂的商业环境
2. 价值评价体系
3. 追随者

二 权变
4. 市场部大辞职
5. 《华为基本法》
6. 二次创业

三 跨越
7. 市场上攻城拔寨
8. 产品上从一棵树到一片森林
9. 机制与流程上保驾护航 做什么—做出来—卖出去

四 开放
10. 对外
11. 对内
12. 买思想、买制度、买流程

五 管理大师
13. 洞见与管理
14. 执行力的本质是管理水平
15. "婆婆嘴"

六 创新大师
16. 产品与技术创新
17. 小改进大奖励，大建议不奖励
18. 激活人力资源的创新机制

推荐序

收到龙波所著的《CEO的五项修炼》一书后,我一口气读完了。这本书系统地阐述了作为一名CEO应有的认知、要求与修炼。

龙波是乔诺咨询的创始人,而我们杰克科技也与乔诺有着多年的合作。实际上,《CEO的五项修炼》正是乔诺的鲲鹏私董会持续一年的课程内容,经由龙波整理完善后,我在阅读过程中对这五项修炼有了更加系统和深入的理解。全书内容精练易懂,分为三篇展开。

第一篇讲"不增长,就挣扎"。在当前经济进入中低速增长阶段,以及国际环境复杂多变的大背景下,很多企业家认为只要守住现有业务就足够了。但事实上,企业如果不增长就会陷入困境,也就是说,企业发展了,许多问题自然迎刃而解;而一旦停滞不前,各种问题便会暴露出来。因此,守业是守不住的,必须通过持续增长来推动企业向前发展。

第二篇围绕卓越CEO的六大关键特质展开,分别为驾驭、权变、跨越、开放、管理大师、创新大师,而这六大特质又与书中第三篇卓越 CEO 的五项修炼——E4S 模型密切相关。其中,"E"代表开放式赋能,四个"S"分别是:战略与客户、布阵与点兵、流程与方法论、分配与激励。将"战略与客户"与"流程与方法论"结合起来,意味着"方向大致正确";而"布阵与点兵"与"分配与激励"相结合,则体现"组织充满活力",中间贯穿始终的是"开放式赋能"。

首先,作为一位 CEO,必须具备开放的心态才能胜任这一角色。不仅要自身保持开放,更要通过开放式赋能,提升各级下属及合作伙伴的能力,并赋能客户,才能真正成为称职的 CEO。E4S 模型中的第一个"S"是"战略与客户",之所以将二者放在一起,是因为战略应源于客户。我们要明确一点:代理商不是真正的客户,最终使用产品的用户才是。作为 CEO,必须亲自接触客户,深入了解客户需求,与客户共同创新、共创价值,赋能协助客户的战略目标实现,在此过程中自然形成公司自身的战略规划。

第二个"S"是"布阵与点兵",有了对客户深入洞察、理解、创新、共创的战略以后,就要布阵与点兵。其核心在于根据战略需求进行组织适配,推动关键岗位干部的培养与发展,同时激发全体员工的创新能力,构建一个高效协同、富有战斗力的组织体系。

第三个"S"是"流程与方法论",这是支撑战略落地的重要保障。从战略的 DSTE 流程,到产品开发的 IPD 流程,再到大客户销售的 LTC 流程、GTM 操盘流程以及 ITR 服务交付流程等，都要系统化建设，以构建完整的流程与方法体系，确保战略有效执行。

第四个"S"是"分配与激励"，要让组织保持活力，就必须建立强有力的激励机制。要实行强制激励分配，让奋斗者获得更多回报，对没有贡献的人员则要坚决淘汰。通过等级薪酬、薪酬包激励、中期分红、中长期限制性股票及合伙人机制等多层次激励体系，吸引并留住优秀人才，利用好压强原则，增强组织活力。

此外，从 CEO 时间分配的角度来看，战略与客户应占 40%，布阵与点兵占 30%，流程与方法占 20%，分配与激励占 10%。这种时间管理方式也是 CEO 修炼的一项重要内容。

这本书用简洁清晰的语言，为我们揭示了一位 CEO 应如何进行自我修炼与提升。希望这本书能够为广大企业家朋友带来启发，助力大家不断提升领导力，在把握新质生产力和全球化发展机遇的同时，成就各自的伟业和梦想。

阮积祥 杰克股份董事长

2025 年 5 月

前言

成功就是一直在成长

早年看 NBA，一看就知道谁是美国职业球员，因为他们身上有着被科学训练的痕迹，动作之潇洒、自如，尤其乔丹的基本功宛如教科书。而欧洲或者其他地区的球员球风迥异，发挥也不那么稳定。

同样，西点军校历史上出了 1500 多名企业 CEO，通用电气、宝洁、百事可乐、麦肯锡更是世界级企业 CEO 的摇篮，这似乎揭示着做好 CEO 的背后存在着某种规律。而基于这种规律的修炼，可以大幅提升企业经营的质量，甚至决定了企业的兴衰。

微软的比尔·盖茨、史蒂夫·鲍尔默和萨提亚·纳德拉，苹果的史蒂夫·乔布斯、蒂姆·库克与那些前任们，为何展现出了截然不同的决策能力和经营质量？同样是中国的通信公司，华为和中兴为何近 10 年有着完全不一样的命运？同样起点但不同命运的公司数不胜数，它们之间到底有什么不一样呢？CEO 的工作重心和决策逻辑是否有章可循呢？

这正是这本书写作的出发点。

作为咨询公司的创始人，我有着极大的职务便利，能够花时间去研究这些伟大企业及决定着它们命运的CEO们。也因为乔诺咨询近12年来得到了中国主流企业的信赖，与TCL、理想汽车、宁德时代、雅迪科技、方太集团、特步、杰克股份、双胞胎等超过300家企业有深入合作，自然也成了这些企业的CEO近身的关键观察者。与此同时，乔诺咨询创办了鲲鹏私董会，最近5年来在私董会里我和近百位CEO朝夕相处，更是让我对他们的观察不只是在工作上，也包括了生活的点滴细节。

复盘这些CEO过去正确的决策，以及一些令人惋惜的机会的错失，甚至不少企业是流着血前进，似乎都在揭示一个事实：没有人天生就是CEO，成为一位卓越的CEO是一门学问，或者说是长期的修炼。

那么修炼的维度应该有哪些方面呢？我们试图将那些伟大的企业家，尤其是任正非先生，作为研究复盘的对象，提炼总结并最终归纳为本书的三个篇章：

第一篇，谈增长、管理与创新的核心理念；

第二篇，谈卓越CEO的六大关键特质；

第三篇，谈卓越CEO的五项修炼。

本书的核心内容源自乔诺鲲鹏私董会高度浓缩的10天课程。课程的内容如果全面展开会非常丰富，考虑到CEO们的时间宝贵，且喜欢在飞机上静读，我们在书中特意使用了一种更贴近CEO阅读习惯的内容呈现形式。全书阅读起来更轻快且有系统性，结构也更清晰和易于理解。

前 言

为了帮助 CEO 们更轻松读懂本书，这里浅谈一下五项修炼及其背后的时间分配原则。

首先，一个卓越的 CEO 必须是一个赋能者，组织基本不可能自动朝着需要的方向发展，企业最核心的本质是通过各司其职来实现价值创造，而这个各司其职的本质就是赋能。

其次，我们对 CEO 的时间分配提出了"4321 原则"，我们认为改变时间分配是让企业聚焦在主要矛盾上的重要手段之一，具体如下。

CEO 应该将 40% 的时间放在战略和客户上。如果一个 CEO 没有足够多的时间去见客户，去了解产业和行业的变化，那么很难想象企业能够在一个高质量的战略下运作。战略是方向，是灯塔，只有深入了解市场和客户，才能制定出符合企业实际发展需求的战略。

CEO 应该花 30% 的时间在组织与干部上。企业最终是要通过组织和人才去实现核心的战略。用什么样的干部、什么样的组织阵型能够打胜仗，达成企业的使命，这是 CEO 需要花大量时间和精力去思考的问题，而不是每天都在一些技术细节上纠缠不休。企业到了一定规模，通过组织和他人完成关键事件是一项基本原则。

CEO 应该把 20% 的时间放在发展流程建设上。这是确保企业持续有竞争力和组织能力沉淀的基础。战略确保做正确的事，组织和干部确定合适的人来做事，流程则确保正确地做事。流程是企业的血脉，只有畅通无阻的流程，才能确保企业高效运转，实现战略目标。

　　CEO 要把 10% 的时间放在分配和激励上。一个能打胜仗的团队必须是充满活力的，而充满活力就需要有力出一孔、利出一孔的分配机制。价值创造、价值评价、价值分配的合理性确保了团队持续保持活力，其中包括物质激励和非物质激励等多个方面。只有让团队成员感受到自己的付出得到了应有的回报，他们才会更加积极地投入到工作中去，为企业的持续发展贡献力量。

　　以上书中简称为 E4S 模型，即领袖赋能修炼模型冰山以上的部分，另外六个特质是在冰山下，需要靠一次次变革和成长才能养成。

　　虽然我们提出了 CEO 的五项修炼模型，但更多是以开放式问题为主，并非给定一个公式，目的是为中国 CEO 们的思考提供一个多维视角，为在管理迷宫中探索的同道者提供一盏可借微光的灯。成功没有终极答案，只有持续追问，只有不断成长。那些看似完美的商业案例，更多是企业家在特定时空条件下的阶段性成果。

　　期待每位 CEO 都能带领企业，获得长期、可持续的成功。

龙　波 乔诺创始人

2025 年 5 月于上海

\ 第一篇 \

不增长，就挣扎
——当代企业家精神 = 管理 + 创新

企业家精神是什么？ \ 003

如果不懂管理，那么你就不可能成为一位成功的企业家；反过来，如果你只懂管理而不具备企业家精神，那么，你就有可能变成一个官僚主义者。企业家是社会发展的稀缺生产要素，每一位企业家的成长都伴随着伟大企业的诞生或成长。而企业的成长归结起来即三大问题：做大做强、效率效益以及企业家太累。解决这三个问题的过程就是企业家修炼的过程，也是企业家带领企业实现不断跨越的过程。

管理改造了生产力 \ 009
管理改变了成果与结果 \ 013
管理使人才辈出 \ 020

IX

管理就是提升做事的成功概率 \ 026

创新改变了世界 \ 036

管理与创新的企业家精神为什么对中国式增长如此重要？ \ 040

\ 第二篇 \

卓越 CEO 的六大关键特质

特质一　驾驭 \ 047

"神就是道，道就是规律。规律如来，容不得你思议，按规律办事的人就是神人。"按规律办事就是驾驭对常识、规律、环境的识别以及可能的应对。

驾驭复杂的商业世界需要观火般的洞察力，需要对包括市场变化、技术演进趋势、生态环境、人性、人心、价值等的洞察，掌握其背后的规律。而驾驭规律也就意味着能够按照事物发展的内在逻辑和必然联系做出决策。只有按规律行事才能少走弯路、不走错路、快速行路，顺势而为才能势如破竹、乘势而上、事半功倍。

驾驭复杂商业环境 \ 048

驾驭价值评价体系 \ 052

驾驭追随者 \ 058

目 录

特质二　权变 \ 067

企业的发展随着问题、愿景、战略、机会及环境的变化而变化。企业的发展是阶段性的，竞争力目标则不断在变，一旦发现企业无法适应外部竞争，变革就势在必行。要明确反对简单的内部思维，反对内部驱动的变革。适应与持续不断的变革，通过变革增加土地肥力，业务、组织能力的增长和跃迁是实现企业跨越的关键。权变就是不断察觉企业所处的外部和内部环境，掌握主动变化的权力，适时推进变革。

思想与认知的权变 \ 068

组织的权变 \ 081

制度的权变 \ 089

特质三　跨越 \ 093

身处市场激流，不进则退。无论是市场竞争、技术演进、客户需求还是组织活力，企业的发展永远处于一个动态过程中，企业的发展需要不断进入新的发展阶段，不断打破原有的业务边界、区域边界、组织能力边界。优秀的企业做什么都能做成，并在关键的经营维度，不断实现新的量变和新的质变，构建起有持续竞争力，且能自主进化的活力和组织生命力。

市场的跨越 \ 094

产品的跨越 \ 102

组织能力的跨越 \ 104

特质四　开放 \ 109

任正非说过："我们经常参加各种国际会议和论坛，杯子一碰，只要 5 分钟，就可能会擦出火花，吸收很多'能量'。你们一天不改变你们的思维习惯，就不可能接触世界，不接触世界怎么知道世界是什么样子的，有时候一句话两句话就足以道破天机，擦出思想的火花。"开放是活力之源，是变革的基础。一个企业文化不开放，就不会努力地吸取别人的优点，就会逐渐被边缘化，是没有出路的。一个不开放的组织，迟早也会成为一潭死水。

对外开眼界 \ 110

对内听声音 \ 112

持续学先进——买买买 \ 115

特质五　管理大师 \ 121

美国开国元勋亚历山大·汉密尔顿有一句名言："对于一个好政府来说，执行力是第一位的。它可以使一国免遭别国入侵，它可以保证法律的有效执行。不管一个政府基于怎样的法理基础，如果缺乏执行力，就是坏政府。"管理的目的就是"做成事"，执行力的本质就是管理水平，所谓的管理大师就是做什么事都能做成的人。

洞见与闭环 \ 122

执行力 \ 129

重复断言 \ 134

目 录

特质六　创新大师 \ 137

创新有风险，但不创新才是最大的风险。世界上唯一不变的就是变化。适者生存，历史上很多优秀的开创者被后来者追上，成为失败者，本质上是没有跟上时代的变化，无法割舍既得利益，没有勇气革自己的命。任正非说：华为一切的创新都是为了活下去，这是创新的底线也是最高要求。创新就是为了能够持续获得新的增长。创新要站在前人的肩膀上，唯有开放才能吸收他人优点。创新能力就是厚积薄发的能力，唯有能力的积累和发展创新才是应对变化的根基所在。

激活创新机制 \ 138

产品与技术创新 \ 142

业务实践创新 \ 143

\ 第三篇 \

卓越 CEO 的五项修炼（E4S）

E（empowerment）开放式赋能 \ 147

企业最本质（没有之一）的工作是赋能，猫捕鼠、犬守门各司其职，让合适的人在适合他的岗位上工作天经地义。"三寸之地必有芳

XIII

草",企业家应该及时选择、提拔人才、干部,不要眼睛总是盯着外面,不应老抱怨自己没有人才、没有干部。让相关的人成为合适的人、能够在适合他的岗位上工作,让其贡献大于成本。在方法上、实践上,鼓励英雄的涌现,通过这些"能人"来提升整体工作水平、工作能力,并且无私复制到各个角落,面向客户端的人员更需要这样的能力和赋能。没有一个人天生就是符合岗位的,必须经过磨炼和积累,最好的方式是扶上马送一程。

让干活的人合格 \ 148

从土匪(白丁)到战士到现代战士 \ 153

三种赋能:专业赋能、专项赋能、循环赋能 \ 155

S1(strategy&customer)战略与客户 \ 159

企业为谁而存在?处于第一位的永远是客户。企业的可持续发展,归根结底在于能够满足客户的需求,客户需求也是企业发展的原动力。对于企业来说,面向客户是基础,面向未来是方向。如果不能够面向客户,企业就没有存在的基础,如果不能面向未来,企业的发展就没有牵引。而战略的核心导向也是客户,战略从客户而来,以客户为中心就是帮助客户实现商业的成功,从而实现价值的转移。

战略从客户而来 \ 160

领袖的作用是方向感,引领方向是艰难的 \ 168

虔诚地为客户服务 \ 172

目 录

S2（structure&staff）布阵点兵 \ 175

企业的发展是阶段性的，是一个阶段一个阶段地发展，但是，核心竞争力的目标是不断在变的。所有的企业都是从小公司演变过来的，小公司每成长一步，架构更改一步，干部换一拨。战略决定业务，业务决定业务流，业务流决定组织。组织是容器，也是业务的承载体。不同的战略有不同的适配组织，不能轻视更不能忽视，组织要跟随战略，与战略适配的组织和阵型决定了企业的执行力如何。

眼镜蛇 & 熵减 \ 176

务虚与务实两套班子两套机制 \ 179

管理好高层干部和核心人才 \ 181

S3（skill）流程与方法论 \ 189

技术的进步可能是一时的，世界级公司的竞争力体现不在于技术，而在于管理。企业未来的竞争是管理的竞争，而管理留给公司的财富只有两样：一是管理架构、流程和IT支撑的管理体系，二是对人的管理和激励机制。对于企业来说，什么都可以买来，唯有管理买不来。流程和方法论就是让企业做正确的事和正确地做事，这决定了企业的效率。一个企业生存发展的基础靠的就是管理的不断进步，这也是企业从必然王国走向自由王国的关键。

老板是流程最大的建设者，也是最大的破坏者 \ 190

质量问题没有灰度 \ 197

做什么成什么 \ 200

S4（share）分配与激励 \ 207

除了流程和方法论外，企业的另外一个关键是人，唯有让企业充满活力，才能基业长青，而分配与激励决定了企业的活力。考核与薪酬体系是全世界最难的一项企业管理命题。每一个企业家都应该问问自己：我们有 5 万字的薪酬管理系统文件吗？我们有分层分结构的激励方案吗？我们的激励措施导向了冲锋、多打粮食、增加土地肥力吗？实际效果如何？华为认为：市场压力应该在企业内无衰减地传导，直到每个人身上，每一个人都要承担自己的责任。而以奋斗者为本，就是要将价值创造、价值评价、价值分配，合理地导向组织活力这根准绳。

CEO=CHO \ 208

先有鸡才有蛋 \ 209

考核与薪酬体系是全世界最难的一项企业管理命题 \ 211

附录 自评自测表 \ 217

\第一篇\

不增长，就挣扎
——当代企业家精神 = 管理 + 创新

企业家精神是什么？

如果不懂管理，那么你就不可能成为一位成功的企业家；反过来，如果你只懂管理而不具备企业家精神，那么，你就有可能变成一个官僚主义者。企业家是社会发展的稀缺生产要素，每一位企业家的成长都伴随着伟大企业的诞生或成长。而企业的成长归结起来即三大问题：做大做强、效率效益以及企业家太累。解决这三个问题的过程就是企业家修炼的过程，也是企业家带领企业实现不断跨越的过程。

◎ 企业家精神

什么是企业家精神？

乔布斯创造一种新产品是创新，把产品的成本降低让全人类可以用得起，把中国的产品推广到全世界使用，也是创新。

企业家精神就是管理+创新精神。

美国工业家福特推出 T 型车,并通过改造生产线,使得汽车的生产成本大幅度降低,T 型车以其低廉的价格进入寻常百姓家,成为一种大众交通工具。

2007 年,乔布斯推出第一代 iPhone,通过多点触控技术,彻底改变了人机交互的方式。且 iPhone 通过独特外观设计及集成多种功能,将传统的智能手机、iPod 和互联网通信等集于一身,彻底改变了用户使用手机的体验。

乔布斯重新定义了智能手机,且开创和引领了智能手机的设计潮流,随后的 iPad 也迎来了划时代的创新。

福特的 T 型车是创新,乔布斯重新定义智能手机也是一种创新。那么麦当劳、农夫山泉是创新吗?

◎ 企业家是最稀缺的生产要素

中国在四十多年的时间里创造了一个经济奇迹，但企业家依然是这个时代最为稀缺的生产要素。

每一家伟大的企业背后一定有一个或一群优秀的企业家、商业领袖。这群人的背后是一套成熟的管理体系，而这套管理体系本质上就是管理的变量，也是决定管理效率的大脑。

国家和企业的崛起

彼得·德鲁克说:"一家企业的崛起远比一个国家的崛起值得我们夸耀。"伟大的企业大多都诞生在一个基础环境良好的国家里。

亚当·斯密在《国富论》里说,一个最不开化的国家,只要做三件事情,这个国家就可以获得重大的改变。

第一,国家和平,不要打仗。

第二,低税,税收要低。

第三,有公平公正的司法当局。

具备了这三个条件,一个国家大概率会走向富裕。而在这样的国家环境下诞生伟大的企业还要依赖创新和管理两个要素。

Tips

Little else is requisite to carry a state to the highest degree of opulence from the lowest barbarism, but peace, easy taxes, and a tolerable administration of justice; all the rest being brought about by the natural course of things.

要使一个国家从最低的野蛮状态发展到最高的繁荣状态，几乎只需要和平、低税收和一个马马虎虎的司法管理；其余的一切都可以通过自然的发展来实现。

——亚当·斯密《国富论》

管理改造了生产力

◎ 决定二战输赢的关键人物是谁?

决定第二次世界大战的输赢的关键人物是谁?
熟悉历史的人都会给出相似的答案,是一批政治家决定了历史的走向,答案无外乎丘吉尔、罗斯福、斯大林、艾森豪威尔等。
在经济或管理学界却有不同的视角,影响二战的关键人物是科学管理之父——弗雷德里克·温斯洛·泰勒。
泰勒的《科学管理原理》一书掀起了世界现代史的第一次生产力革命,大幅度提升了劳动者的生产效率。因为全面运用了泰勒的高效工作法,美国工业社会的生产效率大幅领先全球。美国生产的战争物资比所有参战国家的总和还要多,这为第二次世界大战的胜利奠定了物质基础。强大的工业基础决定了物质基础,也为美国强大的国力奠定了基础,从而决定了二战的走向。

"蓝血十杰"如何用管理影响二战的输赢？

"蓝血十杰"在二战中通过数据和科学管理对二战的进程和结果产生了重要影响。

1 建立统一的数据统计与全局统筹

二战初期，美国陆军航空队存在严重的资源管理混乱，如飞行员与飞机数量失衡、零部件库存信息不透明等。"蓝血十杰"通过创建统计管制系统，统一各部门数据口径，建立全局视角的物资调配机制。例如，他们通过实时追踪零件库存，解决了不同基地间零件囤积与短缺的矛盾，使停飞飞机数量大幅下降。

2 数学建模优化战略决策

他们运用统计学和运筹学开发数学模型，为战役提供科学依据。例如，通过对比 B-17、B-24 和 B-29 轰炸机的效能数据，证明 B-29 轰炸机群可减少 70% 机员伤亡，并节省 2.5 亿加仑汽油 / 年，直接推动美国选择 B-29 作为主要轰炸机型。

在物资运输方面，他们利用数据模型精确计算部队、汽油、炸弹等资源的配置方案，确保盟军在全球战场的高效部署。

3 基于数据的战役风险评估

"蓝血十杰"强调"无数据不决策"，仅在统计学证明有胜算的情况下才批准战役。例如，他们通过分析炮弹消耗率、飞机出勤率等数据，预测战役可行性，避免资源浪费和无效作战。

4 后勤效率提升与成本节约

通过精细化管理和资源优化,他们为盟军节省了数十亿美元战争耗费。例如,重新设计紧急物资运输流程,缩短海外故障飞机零件更换周期(从 6 个月降至数周),显著提升作战连续性。

5 奠定现代管理科学基础

他们将企业级管理思维引入军事领域,强调流程规范、数据分析和结果导向,为二战后的现代企业管理体系(如福特公司的管理变革)提供了实践原型。

"蓝血十杰"的管理实践不仅直接影响了二战盟军的胜利进程,更通过科学化、理性化的方法论,推动了军事与商业管理范式的革新。

◎ 国家之间的区别是什么？

国家之间的差异取决于"三个资源"和"一个管理"：人才资源、自然资源、制度资源，以及对这些资源的使用和管理。

"三个资源"最好的是美国，它的管理也好。俄罗斯有人才资源，也有丰富的自然资源，但在制度资源与管理上稍有欠缺。日本缺自然资源，但通过管理崛起。

国家与国家的区别如此，区域与区域、企业与企业的区别也是如此。

管理改变了成果与结果

◎ 管理，依旧是这个时代的重要变量

德鲁克认为，管理对发展中国家的经济发展有着决定性作用。除了技术革命外，经济的发展必须依赖于管理创新。英国、德国、美国、日本经历了不同的产业发展周期。如果说，英国、德国、美国分别依赖工业革命下的技术创新，日本的发展则不是依赖卓越的技术创新，而是完全建立在卓越的管理能力上。

Tips

戴明和朱兰的质量管理对日本的影响

20世纪50年代，日本政府实行了"质量救国"战略，将产品质量升级放在与产业结构调整、贸易立国等政策同等重要的地位，有效地推动了经济增长由"要素驱动"转向"全要素驱动"，有效推动经济转型和增长。

1. 提升了日本的国家和产品形象，增强企业竞争力。因为质量管理政策，日本提升了"日本制造"的国际声誉，改变了国家形象。日本企业通过全面质量管理，更加注重产品从策划、设计、制造到售后服务全过程的质量管理，有效增强了企业通过产品质量升级进一步提高市场竞争力的主动性。

2. 减少质量信息不对称。日本通过完善消费者质量权益保护的法律体系和专业化的质量维权服务体系，以及向社会广泛公布基于比较试验的质量信息，培育了一批具有公信力的质量社会组织，减少了质量信息不对称的问题。

3. 培养高质量人力资本。日本通过调整质量技能人才政策，构建了以"校企合作""工学结合""企业内教育"为特色的完善的质量技能人才教育体系，实现了"工匠"型人力资本的有效积累，提升了产品服务质量水平。

4. 促进经济可持续发展。一系列质量竞争政策、质量权益保护政策、质量信号政策和质量技能人才政策的制定和实施，有效促进了日本企业质量创新能力的提升、消费者质量需求的增长、市场资源配置效率的改善,以及人力资本质量的升级,对实现经济转型起到很好的推动作用。

5. 质量管理的普及和标准化。日本从20世纪60年代初开始将质量管理的概念拓展为全公司质量管理(CWQC),覆盖范围广泛,全员参与,这些方法甚至术语被1987年颁布的ISO质量管理体系标准吸收后向全世界推广。

◎ 产业崛起伴随管理进步

没有任何一个经济强国的发展道路是完全相同的。每个时代的经济强国都是以其先进的产业和先进的生产销售方法为基础，并且能够在管理上处于领先地位。

不同的经济增长时代，必然诞生与产业匹配的增长模式，中国的经济发展和管理必然随着不同产业的崛起走向世界。

Tips

世界强国崛起的产业是哪些?

18世纪的英国经济发展,建立在蒸汽机、机床、纺织、铁路、钢铁、保险、国际金融等技术创新基础上。

19世纪中期的德国经济崛起,基于化学、电气、电子、光学、钢铁及现代银行制度的发明。

19世纪以后的美国崛起,凭借的是钢铁、电气、电子通信、汽车、农艺、办公设备、农业机械、飞机制造等方面的创新。

20世纪的日本,则是通过卓越的管理能力,持续改造了汽车、电子、钢铁等产业,崛起于世界国家之林。

那么,能够代表中国崛起于世界的产业是什么?

◎ 企业间的竞争，说穿了是管理的竞争

有效地提高管理效率，是企业的唯一出路。

客户的本能就是选择质量好、服务好、价格低的产品。而这个世界又存在众多竞争对手。

产品质量不好、服务不好的企业必是死路一条。如果产品质量好、服务好，但成本比别人高，企业可以以同样的价格卖一段时间，但不能持久。在互联网时代，技术进步更容易，而管理进步很难。因为管理的变革，触及的都是人的利益。企业间的竞争，说穿了是管理的竞争。

Tips

日本人如何煮鸡蛋?

在日本超市买鸡蛋都会看到一张关于如何煮鸡蛋的说明书。

日本人煮鸡蛋是用一个长宽高各 4 厘米的特制容器,放进鸡蛋,加水 50 毫升,开火后 1 分钟把水煮开,3 分钟后关火,再利用余热 3 分钟把鸡蛋煮熟,整个过程耗时 7 分钟。

中国人煮鸡蛋的惯常做法是:锅里接水 250 毫升放进鸡蛋,开火后 3 分钟水开,再煮 10 分钟鸡蛋煮熟关火。两相比较,前者节水 4/5,节省燃料近 2/3,效率却提高近 1 倍。

作为企业家,管理其实只专注于两件事,它们就像彼此的镜子。一件是显著的成本节约,另一件是显著的能力提升,这两种能力在充满挑战的今天更有价值。

管理使人才辈出

◎ 人才不是企业的竞争力

人才本身不是竞争力，对人才的管理和使用才是竞争力。一个不懂得管理的企业拥有再多的人才，也是无法激活人才创造价值的。

Tips

西南航空如何通过人才管理持续盈利近 50 年

西南航空从创立之初就开始经历危机,从 1979 年的石油危机,到 1990 年的海湾战争,再到 2001 年的"911",以及 2008 年的金融风暴,却持续穿越危机,保持近 50 年的持续盈利。背后就在于其对人才及资产的管理,不断提升远远领先于同行的人才效率。西南航空的人才效率比同行高,主要体现在以下三个方面:

1. CASM(单位可用座英里成本):以 2019 年为例,西南航空的 CASM 为 12.38 美分,行业均值为 14.04 美分,相差 12%。与美国三大航空公司相比,西南航空的 CASM 低于达美(14.7 美分)、美联航(13.7 美分)和美国航空(15.0 美分)。

2. 飞机日利用率:2014 年至 2018 年,西南航空的小型窄体飞机和大型窄体飞机的日利用率始终高于传统美国三大航空公司,分别保持在 10 小时以上和 11 小时以上。

3. 人机比:西南航空的人机比为 81,远远优于同行。

◎ 管理变量支撑的日本崛起

虽然日本的资源、人员跟地理条件跟印度比起来都没有优势，但日本的经济与印度的经济有天壤之别，根本原因就是管理的差别，管理是终极变量。

日本在第二次世界大战中深深体会到管理给美国带来的巨大利好，认识到应把人力作为资源而非成本。日本人配合其价值观和文化传统，积极吸收、采用、改善西方管理技术，使得日本企业成为全世界成功实施分权管理的典范，并走在美国企业之前。日本也比其他国家更早认识到管理与科学技术相结合对经济成长的贡献，十分注重国民教育，大力培养科技与管理人才，从而依靠卓越的管理，实现了经济的腾飞。

日本能够从国外引进管理思想，于日本的文化土壤里生根发芽、开花结果，使得一批批企业走上世界舞台，日本也成为世界强国。

Tips

日本企业管理如何走向世界？

20世纪，日本一大批企业，包括丰田、索尼、松下、任天堂、三菱等走向世界，成为全球知名品牌，并在全球享有极高的声誉。表象是日本企业走向了世界，本质是日本的企业管理走向世界。主要体现在：

1. 技术和品质：日本企业在技术力和产品、商品品质方面得到了全球的认可。
2. 管理理念和实践：日本企业管理强调以人为本、团队合作和集体主义，同时也吸收了西方的市场营销、品牌建设、领导力等方面的经验。如丰田的精益生产、全面质量管理、连续改进和适时制造等管理方式被西方企业广泛学习和效仿。
3. 国际化和合作：随着经济全球化和企业的国际化，日本企业与全球企业的合作日益增加。日本企业管理在加强人文交流、文化融合和全球合作中不断提升其国际影响力和竞争力。
4. 应对挑战和持续发展：日本企业在低增长、低内需环境下，通过精细化管理、"出海"国际化、布局二次曲线、大胆转型、深化技术研发、改革公司治理等办法成功突围，实现了跨周期发展。
5. 文化和经营哲学：以稻盛和夫、松下幸之助为代表的日本企业家，其经营理念是本土文化与西方商业文明有机结合的产物，具有鲜明的本土文化特征、宏大的企业经营目标，以及与同时代西方企业较为不同的组织管理体系。

◎ 皇帝的管理管什么?

一般来说,作为一个国家的心脏、中枢神经与大脑,皇帝所需要从事的工作主要是三项:

其一是总揽全局,制定正确的战略。

其二是发现人才,使用这些人才帮助自己实现战略。

其三是赏罚严明,淘汰笨蛋与坏蛋,让坏人不能过多地干坏事,让好人干得更起劲,从而实现自己的战略。

以崇祯皇帝朱由检为例,他在这三个方面全部做得一塌糊涂,没有一个是合格的。

第一篇 不增长，就挣扎

Tips

华为"三手抓"抓什么？

有俄罗斯企业管理者问：华为公司有这么多人，是怎样管理实现高效运作的？

任正非答道：在创立公司之初我访问了美国，以IBM为主体去理解他们的管理。

第一，IBM的企业目标管理，就是为客户服务，一切都要以客户为中心，这样企业就有了一个整体方向感，这个方向感可以把员工凝聚起来。

第二，学习IBM推行IPD（集成产品开发），在研发中加入市场、服务代表，以IPD这个具有前瞻性的领导组织来引导研发前进，然后又向IBM学习IFS（集成财经服务）、ISC（集成供应链）管理。这样，流程体系就清楚了。

第三，分配问题，研究华为的财富在哪儿，财富怎么分配。华为认为，财富在员工的脑袋里面，把脑袋拿来称一称到底有多重，就给你分多少。华为的分配方式，劳动分三，资本分一。

管理就是提升做事的成功概率

◎ IBM 诊断华为

1998 年，IBM 进驻华为开始实施 IPD 变革前，对华为当时的管理现状进行了诊断，诊断总结为以下问题：

1. 缺乏准确、前瞻的客户需求关注，反复做无用功，浪费资源，造成高成本。

2. 没有跨部门的结构化流程，各部门都有自己的流程，部门流程之间靠人工衔接，运作过程割裂。

3. 组织上存在本位主义、部门墙，各自为政，造成内耗。

4. 专业技能不足，作业不规范，依赖英雄，但这些英雄的成功难以复制。

5. 项目计划无效，项目实施混乱，无变更控制，版本泛滥。

6. 有时间把一件事情做多遍，没有时间一次把事情做对。

华为当时的问题也是大多数企业在特定的发展阶段常见的问题。

管理不仅是一门科学

管理作为一门"科学"虽有一定道理,但如果把管理彻底作为一门"科学",将会导致严重的后果。

如果华为最初没有采用 IBM 式的管理变革,而是采用了思科的激进管理模式,来适配中国人的灵活,能否取得今天伟大的胜利?假设不可验证,因为实践无法重复。

管理远不只是一种经验、直觉或本能,而是具备鲜明的科学性和专业性,可以被科学、系统地分析、归纳和学习。

管理受制于文化,也塑造着文化。华为当时就是用更高规范的秩序与规则约束和对冲华为早期的过度无序。

管理是一种实践,它深深立足于知识和责任,且不止于知识,而是追求绩效和结果,"白猫黑猫,逮到老鼠就是好猫"。

Tips

为何企业家的管理不是科学决策？

企业家的管理不是科学决策，是指管理决策往往涉及复杂的人类行为和社会因素，这些因素难以用纯粹的科学方法完全量化和预测。

1. 人的不确定性：管理决策通常涉及对员工行为、消费者偏好和其他人的预测，而这些行为往往是不可预测的，包含情感、价值观和个人判断等非理性因素。

2. 环境的复杂性：商业环境不断变化，涉及政治、经济、社会和技术等多个维度，这些因素相互作用，产生复杂的、难以预测的结果。

3. 信息的不完整性：在做出管理决策时，企业家往往无法获得所有必要的信息。信息的不完整性导致决策更多依赖于直觉和经验，而非纯粹的数据分析。

4. 目标多样性：企业管理不仅追求利润最大化，还包括社会责任、员工满意度、品牌声誉等多重目标，这些目标之间可能存在冲突，难以用单一的科学标准衡量。

5. 决策的动态性：管理决策需要在动态变化的环境中快速做出，而科学决策往往需要时间进行实验、收集数据和分析。

6. 文化和价值观的影响：不同的企业文化和价值观会影响管理决策，这些因素难以用科学方法量化。

7. 创新和创造力：企业管理中的创新和创造力往往超越了现有科学

知识的范围，需要企业家的直觉和冒险精神。
8. 伦理和道德考量：管理决策常常涉及伦理和道德问题，这些问题不能用科学方法解决，需要企业家的价值观和道德判断。

管理决策是一个综合过程，企业家需要运用科学方法，同时也需要依赖经验、直觉和判断力来做出最佳决策。

◎ 成为另一个 IBM

20世纪80年代，美国人为了探求在与日本企业的竞争中失败的原因，组织大批人士赴日本去学习所谓的日本式管理，却惊愕地发现日本的管理经验完全来自IBM的沃森。

而回顾华为的发展历程，华为几乎捕捉到了20多年来通信产业每一次发展大势和机遇，其背后也是请了IBM这个师傅，"穿美国鞋，走美国路"，同时在剧烈的商业环境变化中，不断变革，正确选择道路，最终成为另外一个IBM。

第一篇　不增长，就挣扎

Tips

华为为什么要拜 IBM 为师？

华为为何选择 IBM 而不是思科作为 IPD 管理变革的合作伙伴？

1. 业务问题相似性：华为与 IBM 都面对过或正在面对相似的问题，尤其是如何将研发创新能力有效转化为产品，形成商业价值的问题。IBM 作为拥有百年历史的高科技企业，同样有着强大的研发能力，并且在 1993 年开始的战略转型中，成功解决了这一问题。

2. IBM 的管理威力：任正非等人在 1997 年的美国之行中，亲眼见证了 IBM 如何在短时间内让公司重新焕发活力。管理的威力给任正非留下了深刻印象，他意识到企业间的竞争实际上是管理的竞争。

3. 长期价值主义：华为选择长期价值主义，放弃赚快钱的短视做法，需要有长期的驱动要素，管理体系就是具备这样特征的驱动要素。任正非认为，企业之间的竞争，说到底是管理的竞争。

4. IBM 的变革经验：IBM 在 20 世纪 90 年代初遭遇破产危机后成功走出来，积累了很多改革经验，尤其是 IPD 的研发管理模式。任正非认为这正是华为所需要的，于是决定向 IBM 学习。

5. 学习和对标：任正非认为，华为需要体系化地对标学习世界最佳的管理实践，而 IBM 的发展历程和变革经验为华为提供了宝贵的学习机会。

6. IBM 的战略和组织变革能力：IBM 是 IT 行业历经上百年历史、经过 3 次以上大变迁还能活下来的极少数公司之一，显示出其战略能力和组织变革能力极强。

7. 投资视角：任正非不把咨询看作一种成本投入，而是将其看作对自身管理体系的投资。他认为如果 IBM 提供咨询帮助华为完成转型，那么华为后期发展所获得的效益显然会远高于初期的投入。

◎ 管理就是逐渐解决问题

没有不存在问题的公司，全世界最优秀的公司也有很多问题。

公司越大，问题越多，管理就是逐渐解决问题，每天进步一点儿。

Tips

华为的历次变革主要解决了什么问题？

1. 从初创期到规范期：解决了从小到大的问题，从无序到有序，从离散到集中，解决了组织灵活性与规范性之间的矛盾，为规模扩大打下了坚实的基础。

2. 从规范期到市场期：解决了从大到强的问题，完成了从单一市场到多元市场的转换，组织体系的建设从成本主导转向利润主导、从集团主导到市场一线主导。

3. 从市场期到品牌期：解决了从强到长的问题，实现了从服务于运营商等机构客户向服务全球消费者用户的突破，在有限多元化上迈出了新的一步，助其实现可持续增长。

4. IPD变革（1999—2004年）：解决了技术开发与产品开发之间不平衡，缺乏产品开发标准化流程，客户需求和开发效率的矛盾。建立了产品开发投资决策机制，跨部门研发团队，工作流程和模板标准化，产品开发和技术开发分离。

5. 人力资源体系变革：从人事管理到战略性人力资源管理，再到国际化人力资源管理和员工赋能管理，解决了人力资源管理的系统性和战略性问题。

6. 财经管理变革：实现了"四个统一"变革，即统一会计政策、统一会计流程、统一会计科目和统一监督，以及IFS变革，打通财务流程与业务流程。

7 数字化转型(2016年至今):面对美国制裁打压和业务连续性问题,依托华为云构建的数字化能力,推动全面上云,构建公司多元算力,打造新型的数字基础设施和平台能力。

8 运营管理变革:包括领导体系变革和项目管理变革,解决了团队管理企业模式的问题,项目财经管理能力提升。

创新改变了世界

◎ 什么是创新？

创新就是让成本高的东西走进千家万户，让不易标准化的食品在全世界范围内销售，逐渐实现不能实现的产品功能，等等。创新的范畴极其广泛，但归根结底，就是能够为用户创造更普世的价值。

> **Tips**

福特和特斯拉都是创新

福特通过T型车的改进以及生产效率的提高,快速降低T型车的价格,让T型车成为普通美国家庭的交通工具,使得美国成为汽车上的国家。

特斯拉则重新定义了电动汽车,并引领了全球电动车汽车的革命。福特通过规模化效率化创新,改变世界;特斯拉则通过技术攻关创新改变世界。

这都是创新。

◎ 麦当劳是创新吗？

华为是一家高科技导向的创新型公司。乔布斯被称为创新大师毫无争议，因为他创造了新的产品，创造了新的客户需求。这是对创新的狭义理解。就创新而言，那麦当劳是伟大的公司吗？

麦当劳不仅提高了资源的产出效率，且创造了新的市场和客户。将汉堡卖到全世界与街边开小餐馆不一样。麦当劳的连锁店不是高科技，却通过先进的管理，让自己变成了创新型企业。

麦当劳做了六件事：

1. 设计了终端产品——汉堡包。
2. 重新设计了食品的制作流程。
3. 重新设计和发明了制作工具，使得每一块肉、每一片洋葱、每一块面包、每根炸薯条的制作实现标准化，顾客可以在完全可控的时间内享受到食物，而大多数的中餐目前还不具备这个水平。

4.形成一个精准控制的全自动制作的流程。制作过程傻瓜化，新手可以在几分钟内学会，中餐还无法解决这个难题。

5.麦当劳将客户价值定义为产品的品质和可预知性，从而快速快捷地提供服务。

6.制定标准和培训的流程，根据标准确定员工的收入。

管理与创新的企业家精神为什么对中国式增长如此重要?

◎ 中国企业管理落后欧美的四个方面

1. 创新能力。中国企业模仿能力强,欧美的创新能力有强大的社会资本、金融、制度、人才等各方面的支撑。

2. 发展客户的能力。

3. 服务客户的能力。无论是欧美国家还是日本等,服务精神都更严格和标准。

4. 合作联盟的能力。现代商业社会更注重合作联盟,而不是单打独斗。比如,爱迪生发明的电灯需要电,那纽约的电网要怎么建起来?谁出钱?有民间投资而不是政府,这就需要一套合作的机制。无人驾驶汽车需要轨道,要解决伦理道德、基础设施、法律法规、硬件等问题,仅仅研发制造也需要很长时间。

中国式增长

经历四十多年的高速经济发展，中国企业的整体管理水平有了巨大的发展和进步。但不同企业管理所处的阶段及水平仍然参差不齐，有大量的企业还处于 1.0、2.0 或 3.0 阶段。不同阶段的企业有不同的发展特点，硬件、软件、管理等都有不同的增长特点，需要不同的管理方式。

> Tips

理想、雅迪等的中国式增长

理想汽车从 2020 年初首次接触乔诺，通过三年的合作，营收从 2020 年的 94.6 亿元，增长到 2023 年的 1238.5 亿元，同比增长 173.5%，2024 年上半年营收 573 亿元，同比增长 20.8%。理想汽车也成为价格 30 万元以上新能源汽车销量第一品牌。

TCL 实业从 2019 年与乔诺合作至今，之后的 5 年，TCL 营收从 800 亿元增长至 1203 亿元，通过中高端旗舰产品实现突破，净利润从 21.1 亿元增长至 43.2 亿元，实现了高质量增长。

雅迪科技从 2019 年与乔诺合作，之后的 5 年时间，营收从 99 亿元增长至 347 亿元，同比增长 157.5%，产品走向高端，从市场相对冠军成为绝对冠军。

特步集团从 2020 年开始与乔诺合作，之后的 4 年时间，营收从 2020 年的 81.7 亿元增长至 2023 年的 143.5 亿元，旗下冠军旗舰跑鞋系列在一年时间内，销量从 80 万双增长至 300 万双，进入运动品类第一梯队。

方太集团从 2019 年开始与乔诺合作，在之后的 4 年时间里升级管理 2.0，营收从 2019 年的 108 亿元增长到 2023 年的 176 亿元，新冠疫情三年累计实现 48% 的逆势增长。

杰克集团从 2020 年开始与乔诺深度合作，从 2019 年开始累计实现46%营收增长,穿越行业周期,成为隐形冠军开创了新的格局。

雅迪、理想汽车、特步、TCL、方太、杰克等企业,发展阶段不一样,所处的行业特点不同,规模和营收不同,管理特点也各不相同,却能以不同的方式实现持续的中国式增长。

◎ 企业保持活力的唯一法宝是管理改进

竞争对手的管理都在持续不断进步，不改进的企业必定会走向衰亡。在竞争中保持活力的唯一法宝就是管理上的改进。

1. 去除不必要的重复劳动，在监控有效的情况下，缩短流程，减少审批环节。

2. 严格地确定流程责任制，充分调动中下层员工承担责任，在职权范围内正确及时决策。

3. 把不能承担责任、不敢承担责任的干部，调整到操作岗位上去。

4. 把明哲保身或技能不足的干部从管理岗位上换下来。

5. 去除论资排辈，把责任心、能力、品德及人际关系沟通能力、团队组织协调能力，作为选拔干部的标准导向。

\ 第二篇 \

卓越 CEO 的六大关键特质

特质一　驾驭

"神就是道，道就是规律。规律如来，容不得你思议，按规律办事的人就是神人。"按规律办事就是驾驭对常识、规律、环境的识别以及可能的应对。

驾驭复杂的商业世界需要观火般的洞察力，需要对包括市场变化、技术演进趋势、生态环境、人性、人心、价值等的洞察，掌握其背后的规律。而驾驭规律也就意味着能够按照事物发展的内在逻辑和必然联系做出决策。只有按规律行事才能少走弯路、不走错路、快速行路，顺势而为才能势如破竹、乘势而上、事半功倍。

驾驭复杂商业环境

◎ 企业家也是变化环境里的人

很多企业家喜欢读《毛泽东选集》，为什么？因为毛泽东能够从细枝末节中洞察到事物的本质，能够给人以力量，能让人在不确定中看到希望。

商业环境永远都充满不确定性，企业家是一个从事不确定工作的群体。企业家面对的不确定，是企业家所处的外部环境及其自身能力、努力意愿的不确定性造成的。包括：技术的不确定性，需求的不确定性，以及与此相关的比如有多少用户需要创新、成本及价格、营销及扩散速度等。

竞争者的模仿和创新步伐会侵蚀创新的利润。如果没有竞争壁垒，竞争者模仿的速度会很快，企业的超额利润也就不会产生。多数企业家都能够在形势大好的时候赚钱，只有优秀的企业家能够在经济萧条的时候立于不败之地。这背后即企业家对商业环境甚至社会环境的一种驾驭能力。

◎ 驾驭复杂商业环境

企业家要驾驭复杂的商业环境，要在不断变化的环境中，辨别方向，做出决断，匡扶可能出现的偏颇，指引团队向前。

作为一名企业家，你是否可以用 1 到 2 年写出一篇"目前的形势与我们的任务"，是否可以写出你的"星星之火可以燎原"？以前是否做过，今后能做到吗？这是衡量一个企业家是否能驾驭复杂商业环境的先决条件。

Tips

任正非关于驾驭复杂商业环境的思考和管理实践

1. 战略视野与前瞻性思考：强调拥有开阔的战略视野，能够洞察市场变化，把握未来趋势，引领企业走向成功。他深知企业的成功不仅仅取决于短期业绩，更在于长期的战略规划和执行。这种前瞻性的思考方式使得华为能够迅速调整战略，抓住机遇。

2. 开放与灰度管理：倡导"开放、妥协、灰度"的管理思想，强调以开放的心态去面对世界，吸收外界的优秀经验和长处。灰度管理则是一种相对柔性、均衡的思想观念，认为世界充满不确定性，很多事情并非非黑即白，管理上要掌握合适的灰度。

3. 灵活应变，愿景驱动：将公司目标转化成公司愿景，充满激情地努力将华为发展成为国际领先企业。他不断证明了自己的战略规划能力，根据公司面临的挑战适当调整愿景，同时从来不会偏离公司的目标和价值观。

4. 悖论整合的思维逻辑：任正非擅长在复杂的企业环境中识别并整合各种悖论，创造出独特的竞争优势。他强调在看似对立的元素中找到协调点，例如集中与分散、创新与效率、自由与控制的平衡。

5. 深淘滩低作堰：这一策略意味着在企业发展过程中，要不断深化和拓宽自身的业务领域，同时保持低调和稳健的发展姿态，以应对复杂多变的市场环境。

6 技术创新与人才战略：在任正非的领导下，华为重视技术创新，并建立了全方位的人才引进和培养机制。华为与多所高校和研究机构合作，打造开放的创新平台，促进技术进步和成果转化。

驾驭价值评价体系

◎ 驾驭价值评价体系

人，才是未来。对人才的管理是企业的核心竞争力之一。企业家是驾驭价值评价体系的人。思考、检讨和评审干部的任用至关重要。分好钱，比什么都重要。驾驭价值评价体系是企业家进行人才管理的核心。

> **Tips**
>
> **华为业务发展纲要中的价值体系**
>
> 1 价值创造：华为强调以客户为中心，致力于为客户创造价值，认为只有为客户创造了价值，企业才能获得绩效和利润。
>
> 2 以结果为导向的价值评价：华为的价值评价体系是全面立体的，关注员工在特定职位上创造的业绩。评价标准包括任职资格、职位评估和绩效评价，确保评价的客观公正。
>
> 3 以奋斗者为本的价值分配：在价值分配上，华为坚持"以奋斗者为本"，确保价值分配的科学合理，激励更多的奋斗者积极投入到价值创造中。
>
> 4 公平与公正：华为重视价值评价的公平性，认为合理的价值评价是价值分配的前提。任正非强调，企业的价值评价系统必须以企业的价值观和文化为基础，向奋斗者和贡献者倾斜。
>
> 5 责任结果导向：华为在干部任用上，对责任结果的要求较高，强调员工的责任和贡献，确保价值评价与实际业绩相结合。
>
> 6 动态评价机制：价值评价标准并非一成不变，华为会根据环境变化和战略目标不断提高评价标准，激励员工持续奋斗。
>
> 7 激励机制：华为通过多重的激励机制，确保员工的劳动回报优于资本回报，鼓励员工为公司创造更多的价值。

◎ 力出一孔，利出一孔

"大家都知道水和空气是世界上最温柔的东西，因此人们常常赞美水性、轻风。但大家又都知道，像美人一样的水，一旦在高压下从一个小孔中喷出来，就可以用于切割钢板，足见力出一孔之威力。十几万华为人，25年聚焦在一个目标上，持续奋斗，从没有动摇过，就如同是从一个孔喷出来的水，从而取得了今天这么大的成就。这就是力出一孔的威力。正因为力出一孔，所以我们在员工激励方面，同样要坚持利出一孔。"[1]

"利出一孔"原则明确规定，华为从最高层管理者到基层骨干，全部收入只能来源于华为的工资、奖励、分红，坚决不许有其他额外收入。这一激励原则，从组织上、制度上，堵住了华为干部为个人谋私利通过关联交易的孔，掏空集体利益的行为。

任正非坚信，如果华为能坚持"力出一孔，利出一孔"的原则，"下一个倒下的就不会是华为"。

---

[1] 引自任正非先生讲话，其中的"25年"是以任正非先生讲话当时的时间计算。

企业家就是治水的人

《蓝血十杰》的作者约翰·伯恩曾经说过，只有正确的价值导向才能引导一个人向着正确的方向前行。而引导华为干部正确工作的，正是华为的价值评价体系。

价值评价是一个世界级难题，而企业家必须是价值评价体系的第一责任人。这个角色要求企业家能做好一个"岸边的人"，即决定水如何流的人。

企业家应该清晰洞察谁是价值的最大创造者。"岸边的人"要有洞若观火的火眼金睛、独特的格局和认识，能够决定企业内部的价值流动和价值平衡。

> **Tips**

每个企业家都应该构筑自己的都江堰

任正非的都江堰管理论断意在强调企业家在经营企业时应该建立稳固、持久且能够自我调节的系统或机制,以确保企业的长期稳定发展。

1. 长期规划:都江堰是一个历经两千多年仍在使用的水利工程,它体现了长远规划的重要性。企业家应该为企业制定长远的发展规划,而不仅仅是追求短期利益。
2. 可持续发展:都江堰通过巧妙的设计实现了水资源的合理分配和利用,体现了可持续发展的理念。企业家应该追求企业的可持续发展,平衡经济效益与社会责任。
3. 风险管理:都江堰能够有效地控制洪水,减少自然灾害的影响。企业也需要建立有效的风险管理体系,以应对市场变化和潜在的危机。
4. 自我调节能力:都江堰的设计使得它能够根据季节和水流量自动调节,保持水流量的稳定。企业也应该具备自我调节的能力,能够根据市场和环境的变化灵活调整策略。
5. 创新与智慧:都江堰是古代中国在水利工程方面创新和智慧的体现。企业家也应该不断创新,运用智慧解决企业发展中遇到的问题。
6. 社会贡献:都江堰为成都平原的农业提供了稳定的水源,对当地社会和经济发展有着重要贡献。企业也应该追求对社会有积极贡献的商业模式。

7 文化传承：都江堰不仅是一个水利工程，也是中华文化的传承。企业家在构筑自己的"都江堰"时，也应该考虑企业文化的建设和传承。

8 系统思维：都江堰的建设考虑了整个水系的平衡，体现了系统思维。企业家在管理企业时，也需要从整体出发，考虑各个部分的协调和平衡。

驾驭追随者

◎ 定义价值观的人

华为唯一的武器是团结,只有统一的价值理念才能催生出强大的战斗力。

企业家是一个企业的思想领袖,是能够定义价值观的人,是企业价值观的布道者。成功的企业愿景就好比预言,具有唤起员工行动的力量。而价值观是一个组织的核心与灵魂,顶尖企业一定是建立在企业创始人和核心团队及骨干员工的共识基础之上的。

Tips

华为的企业价值观

1. 以客户为中心：华为将客户的需求和满意度放在首位，致力于为客户提供优质的服务和创造价值。
2. 以奋斗者为本：华为尊重和重视那些为公司付出努力和贡献的员工，认为他们是公司最宝贵的财富。
3. 长期坚持艰苦奋斗：华为倡导持续的努力和奋斗精神，以实现公司的长期目标和愿景。
4. 坚持自我批判：华为鼓励自我反思和批判，以不断改进和优化工作流程与产品服务。
5. 开放进取：华为保持开放的态度，积极进取，不断探索新的技术和市场。

◎ 一小群人在组织顶端全权指挥整个企业

仙童曾经是世界上最大、最富创新精神和最令人振奋的半导体生产企业，也是电子、电脑界的"西点军校"，这家公司为硅谷培养了成千上万的技术人才和管理人才。而这家公司在发展过程中，也无非依赖于技术幻想家诺伊斯、营销演说家桑德斯以及制造大王斯波克指挥着一群追随者团队作战。

企业的发展就是确定出一小群人，站在组织的顶端并不断优化如何指挥企业作战。

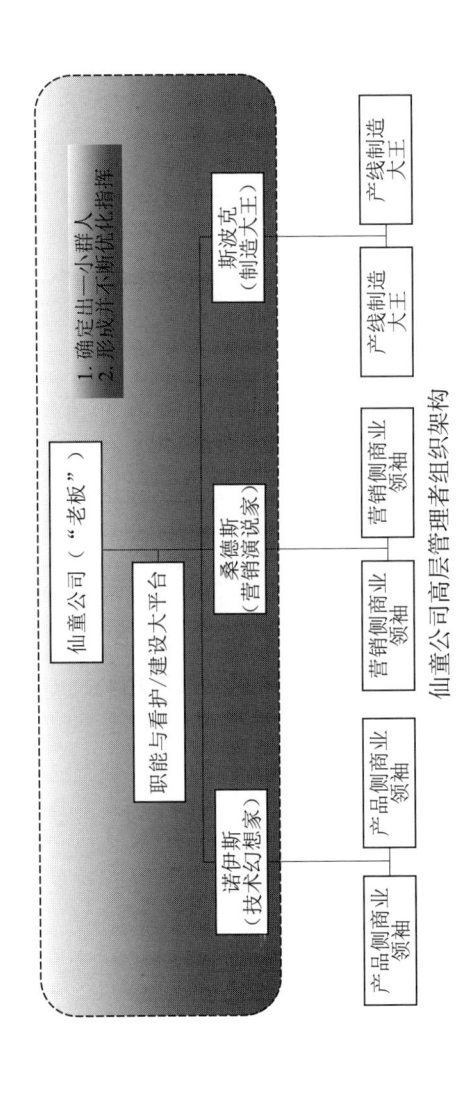

第二篇 卓越 CEO 的六大关键特质

仙童公司高层管理者组织架构

```
仙童公司("老板")
├─ 1. 确定出一小群人
│  2. 形成并不断优化指挥
├─ 职能与看护/建设大平台
├─ 诺伊斯(技术幻想家)
│    └─ 产品侧商业领袖
│         └─ 产品侧商业领袖
├─ 桑德斯(营销演说家)
│    └─ 营销侧商业领袖
│         └─ 营销侧商业领袖
└─ 斯波克(制造大王)
     └─ 产线制造大王
          └─ 产线制造大王
```

Tips

061

企业家的三重境界

企业家是思想领袖,是布道者。企业家的成长有一个过程,不同阶段的企业家有不同的境界。

第一重境界叫小型的组织者,比如刘备、孙权,真正的领袖就会组织一群人来干活。

第二重境界就是可以指导别人,做导师,比如诸葛亮。诸葛亮是一个独特之人,作为企业家不要特别崇拜他,因为他过于事无巨细,亲力亲为,军务也要盯着看。

第三重境界是大组织者,比如刘邦。

领导者"魅"(人格魅力)惑众生

管理者形成的是权力圈,所以在管理者的圈子,员工只能被称为下属;领导者构建的是影响力圈,并且拥有管理职权,在他身边的人,都是追随者。

管理者"仗势欺人",领导者"魅惑众生"。管理者向领导者进阶,要懂得人性,让下属成为追随者,靠影响力而非权力,带领团队创造价值。

Tips

不能只接受伟大而不接受缺点

《乔布斯传》的作者沃尔特·艾萨克森在采访史蒂夫·乔布斯时，乔布斯的搭档斯蒂夫·沃兹尼亚克说："有一个很重要的问题就是，他有必要这么刻薄、这么粗暴无情、这么沉湎于戏剧性冲突吗？"

后来艾萨克森在采访将要结束时，又把这个问题抛给了沃兹尼亚克。沃兹尼亚克说，如果由他来管理苹果公司，他会待人更友善一些，会像对待家人一样对待公司的每个人，更不会突然解雇员工，然后停顿了一下，接着说："但那样的话，我们可能永远不会做出麦金塔计算机。"

所以，同样的行事逻辑在埃隆·马斯克的身上也是如此：如果他能更放松一点儿，更可亲一点儿，他还会是那个要把我们送上火星、送往电动车未来世界的人吗？

伟大是相通的，一定是指在道的层面。在企业管理中，马斯克是出了名的"狂暴"，但他跟乔布斯一样，总能把事情做成。

◎ 用人三原则

1. 无英雄，不立项。明确"先有鸡，后有蛋"这个政策：每个新业务要立项，首先要找到合适的业务领袖，"一把手"是最重要的。因为领袖是天生的，不容易找到。对于"一把手"，关键看其带领业务成功的潜力，资历、年龄不是最重要的选拔因素。

2. 一旦发觉换人之举势在必行，就应当机立断。换人靠的不是频繁替换，而是通过高质量的替换来达到目的。

3. 让优秀的人才去抓天赐的良机，而不是让他去解决最大的难题。解决现有的问题，只会使公司变好，而只有抓住机遇谋发展，才能使公司卓越。问题总会解决，而机会稍纵即逝。

特质二　权变

企业的发展随着问题、愿景、战略、机会及环境的变化而变化。企业的发展是阶段性的，竞争力目标则不断在变，一旦发现企业无法适应外部竞争，变革就势在必行。要明确反对简单的内部思维，反对内部驱动的变革。适应与持续不断的变革，通过变革增加土地肥力，业务、组织能力的增长和跃迁是实现企业跨越的关键。权变就是不断察觉企业所处的外部和内部环境，掌握主动变化的权力，适时推进变革。

思想与认知的权变

◎ 摔杯子的人

1992年，华为员工大会上，任正非说了一句"我们终于活了下来"，说完泣不成声。这个时候的华为面临着巨大的困难。

20世纪90年代初，IBM变革的同时期，华为也经历了自己的痛苦时期。而华为处境与IBM不同，IBM当时已是一个蓝色巨人，华为还在生存期。

在这个困难时期，华为为了让员工放开手脚拓展市场，一线市场办事处被授予非常大的权力，几乎失去控制。而权力的惯性是，一旦放出想要收回就非常难。这样的现象在中国历史上屡见不鲜。1995年的下半年，华为市场部有一些办事处主任居功自傲，甚至不愿意听从公司的统一指挥和调度。这就是华为市场部集体大辞职的缘由。

市场部集体大辞职就是华为的摔杯再造过程，这次的变革打破了华为干部的板结，真正建立起了干部能上能下的刚性原则。

对于一个组织而言，在不断变化的环境之下，过去的增长方式无法支撑未来的增长，必然要打破过去的惯性，重新立规矩，也只有这样才能实现组织能力的跃迁。而企业家应该审时度势，勇敢求变，敢去做那个摔杯子的人。企业家如果发现了问题，迟迟无法打破祖训或摔了杯子，肉眼可见的衰亡几乎不可避免。

◎ 二次创业

任正非先生说:"毛泽东同志说过:'人类的历史,就是一个不断地从必然王国向自由王国发展的历史。这个历史永远不会完结。……人类总得不断地总结经验,有所发现,有所发明,有所创造,有所前进。'人们只有走进了自由王国才能释放出巨大的潜能,极大地提高企业的效率。但当您步入自由王国时,您又在新的领域进入了必然王国。不断地周而复始,人类从一个文明又迈上了一个更新的文明。"《华为基本法》的制定是华为第二次创业的开始,也是从必然王国走向自由王国的开始。

华为第一次创业的特点,是靠企业家行为,为了抓住机会,不顾手中资源,奋力牵引,凭着第一代、第二代创业者的艰苦奋斗、远见卓识、超人的胆略,使公司从创立发展到初具规模。第二次创业的目标就是可持续发展,要用十年时间使各项工作与国际接轨。它的特点是要淡化企业家的个人色彩,强化职业化管理。把人格魅力、牵引精神、个人推动力变成一种氛围,使它形成一个场,以推动和导向企业的正确发展。

企业发展的阶段论

年营收 100 亿的公司绝对不是年营收 10 亿公司的扩大版，年营收 1000 亿的公司也不是年营收 100 亿公司的扩大版。企业的发展是分阶段的，竞争力目标则不断在变。一家企业的成长是发展的阶段论与不断在变的核心竞争力目标的统一。

Tips

IBM 发展的阶段性跨越

IBM 的发展历史上经历了五次重要的跨越。

1. 从制表设备到计算机的转变（20 世纪 40—60 年代）：二战后，IBM 从机械制表设备转变为电子计算机。这一时期，IBM 经历了四次重大转型：进入大型机市场并占据主导地位（市场份额达到 70%~80%）；全球扩张，发展成为大型跨国公司；经受了长达 12 年的反垄断诉讼，差点导致公司解体；以及在产品上的一系列失误和成功，从被指责"错过"小型计算机革命到成功进入 PC（个人计算机）市场，但最终被竞争对手超越。

2. 大型机和 PC 硬件产品时代（20 世纪 50—80 年代）：第二次重大转型，这个时代以大型机和 PC 以及其他硬件产品为特征。

3. 服务、咨询和运营服务时代（20 世纪 90 年代至今）：第三次重大转型，IBM 进入服务时代，包括管理咨询服务和运营服务。

4. IT 和云计算服务的聚焦（20 世纪 90 年代）：20 世纪 90 年代，IBM 面临硬件销售下滑的困境，PC 的廉价化和价格战导致利润率下降。IBM 出售 PC 资产，增加对软件和 IT 服务的关注。杰克·韦尔奇任 CEO 后重塑了 IBM 以适应 IT 服务时代。

5. 人工智能和混合云的深入发展（21 世纪 10 年代至今）：IBM 专注

于云计算、分析、安全和认知计算。IBM 在云计算领域领先，通过 2013 年收购 SoftLayer 等举措加强了其在企业云计算领域的地位。

IBM 的每一次跨越都标志着对市场变化的适应和战略调整。

◎ 变革中的"七个反对"

反对完美主义：要抓主干，解决结构性问题，不能在细节上"绣花"，不能追求完美，要在妥协中前进。

反对烦琐哲学：变革的目的要始终围绕为客户创造价值，不能为客户直接或间接创造价值的部门、流程和人员都是多余的，都应该去除，否则会造成企业高成本。

反对盲目创新：在真正理解的基础上吸收和借鉴，而不是因为自己企业有差异性而人为地去创新，避免出现大的震荡。

反对没有全局效益提升的局部优化：变革要从企业整体视角出发，追求全局利益的最大化，不能总想着自己的部门利益和局部最优，而影响了全局。

反对没有全局观的干部主导变革：政治路线确定之后，干部就是决定的因素。变革涉及跨领域、跨部门的工作，要选拔具有全局观的干部，才能担负起变革的重任。

反对没有业务实践经验的人参加变革：变革是为了支撑业

务发展，从事变革工作的人一定要懂业务，有实践经验，这样的人才知道业务哪里不顺畅、哪里有痛点、哪里可减掉、哪里需加强。

反对没有充分论证的流程进入使用：坚持先试点再推行原则，否则不成熟的方案会影响业务运行效率，为企业带来新的风险。

Tips

1996 年华为市场部大辞职模板

尊敬的总裁：

1996 年是华为参与市场竞争至关重要的一年，华为的发展势不可挡。随着公司产品结构的多元化，产品质量的提高，市场竞争日益白热化，市场对产品、对公司、对市场人员的要求也越来越高。

作为一名在市场上奋战多年的市场人员，我为公司的发展做出了自己的努力，奉献了自己的青春。但在市场一线工作的这几年中，我的技术水平、业务能力可能已经跟不上公司发展的速度，落后了。另外，公司也涌现了大批有冲劲、技术高、有策划能力和管理水平的优秀市场人员。长江后浪推前浪，公司的发展需要补充大量的新人。如果公司通过考评选拔出更适合承担市场工作的人员，我将诚心诚意地辞去现在的职务。

说自己不难过，说自己很坦然，这是不真实的。中国几千年的文化，使得"能上能下"对每一个将下的人来说，都是一次心理承受力的挑战。但是，作为华为的一名市场人员，为了公司能发展壮大，我可以离开心爱的岗位、熟悉的市场、亲密的"战友"，接受公司对我的选择。

最后我想说的是：我绝不气馁，我将更加努力地学习，适应新的工作岗位，为公司的发展做出自己的贡献。

市场人员：（签名）

1996 年 1 月 28 日

◎ 常变者长青

华为前轮值董事长郭平在著作《常变与长青》中提出，变革的本质就是改变人的观念、意识和行为。

华为变革伊始，任正非先生就提出了"削足适履"的思想和要求，必须要"先僵化"式学习，一定要把"美国鞋"穿上脚，然后"再优化""再固化"。在变革路上，他提出了严格要求："不换思想就换人"。

任何管理变革都是改变人，如果不能改变人，变革的结果注定失败。真正的变革成果产生在变革过程中，也就是改变人的过程。

◎ 发展中企业的"企业管理"5项要求

1. 冲规模，聚焦市场需求（the need for market focus）
2. 财务规划（financial foresight）
3. 高层管理团队建设（building a top management team）
4. 自己干什么（where can I contribute）
5. 找一个外部视角，有个说话人（need for an outside advice）

创始人必须学会成为一个团队的领导，而非有许多"随从"围绕的"明星"。

Tips

德鲁克：高效经理人的八个习惯做法

彼得·德鲁克自二战时开始研究"有效的管理者"。在长达 65 年的咨询生涯中，他结识了许多企业和非营利性组织中最优秀的 CEO，可谓阅人无数。

他发现，高效经理人未必符合领导者的典型形象。他们具有形形色色的个性，或外向或内敛，或随和或霸道，或慷慨或吝啬，什么类型都有。可是所有这些高效经理人都遵循了以下八个习惯做法。

1. 他们会问："什么事情是必须做的？"
2. 他们会问："什么事情是符合企业利益的？"
3. 他们制订行动计划。
4. 他们承担起决策的责任。
5. 他们承担起沟通的责任。
6. 他们更专注于机会而不是问题。
7. 他们召开富有成效的会议。
8. 他们在思考和说话时习惯用"我们"而非"我"。

组织的权变

◎ 市场部大辞职

只能上不能下，是一个组织发展的最大阻碍。而变革的目的就是为了杜绝个别人发展小团体，破除干部板结，为公司注入新鲜血液提供保障。

1996年，华为市场部集体大辞职，开创了华为公司内部岗位流动制度化，使职务重整成为可能。在华为创业期间，市场部的人员功劳最大。他们都能上能下，其他人自然也可以能上能下。

Tips

华为市场部大辞职背景及过程

1994年,华为推出了 C&C08 数字程控交换机,并取得了巨大成功。1995年,华为的销售额达到了 15 亿元,员工总数增长至 1200 人。不过随着公司规模的扩大和产品的发展,华为出现了山头林立的苗头。而为了持续的发展,华为需要更多的产品方案人员、技术人员与销售人员组成服务团队,以适应新的销售要求。然而,许多办事处主任的能力已经无法适应这些新要求,导致他们成为企业发展的瓶颈。任正非为此深感忧虑,负责市场工作的孙亚芳提出"市场部集体大辞职"的解决方案。

从 1995 年末至 1996 年初,华为市场部开展了历时一个月左右的整训活动。1995 年 12 月 26 日,任正非发表讲话,提出市场部需要实现从观念到组织的五个转变。1996 年 1 月,分管市场的副总裁孙亚芳带领市场部所有高管向公司提交了两份报告:一份是辞职报告,辞去正职,让更有能力的人接替自己的工作;另一份是述职报告,坦然接受公司的评审和挑选。

1996 年 1 月 28 日,华为发起市场部集体大辞职运动,全部一线市场人员向公司提交辞职信。这次集体大辞职开创了华为干部能上能下的文化,加强了公司对干部的管理和控制力度。它明确了干部的任职资格标准,磨炼了干部队伍,转变了营销方式,并对华为企业文化进行了检验。市场部大辞职也成为华为发展过程中的一个转折点。

◎ 战略决定结构，组织演变不是自发的

战略决定结构是建立公司组织的基本原则。具有战略意义的关键业务和新事业生长点，应当在组织上明确负责单位，这些部门是公司组织的基本构成要素。

组织结构的演变不是一种自发的过程，其发展具有阶段性。组织结构在一定时期内的相对稳定，是稳定政策、稳定干部队伍和提高管理水平的条件，是提高效率和效果的保证。

Tips

钱德勒：结构跟随战略

钱德勒最早提出组织结构服从战略的理论，即"结构跟随战略"。他认为，企业的组织结构会随着经营战略的变化而变化，企业的经营战略决定着企业组织结构模式的设计与选择。

为什么说战略决定了组织结构，组织结构要跟随战略而变化？

适应环境变化：企业战略的出发点是要适应环境，其实质是组织对相关环境的适应过程，以及由此产生的组织内部结构变化的过程。

提高效率：企业的组织结构必须要与企业战略相对应，以提高企业的效率。如果组织结构不能适应战略的变化，就会影响企业战略的实施效果。

动态适应性：企业的组织结构不仅具有多样性特征，还具有动态适应性特征。企业的经营战略决定着企业组织结构模式的设计与选择；反过来，企业经营战略的实施过程及效果又受到所采取的组织结构模式的制约。

◎ 变革方法论

变革就是助力业务"过河",企业通过变革构建起管理体系,也就是构建起通往"彼岸"的船和桥。管理体系不会凭空产生,而是通过持续变革构建支撑企业发展的组织级能力。变革始终要围绕"多打粮食,增加土地肥力,提升一线作战能力,保障公司有效增长"展开,这既是变革追求的目标,也是衡量变革成果的标准。

Tips

约翰·科特的变革 8 步骤

1 建立紧迫感：变革的第一步是使团队意识到必须变革的紧迫性和重要性。需要突出计划的目标，展示目标如何对团队或组织有益。

2 建立引导联盟：组建一个强大的领导团队。这个团队负责推进变革，并成为变革倡议的大使。

3 制定愿景与战略：共同创建清晰明确的变革愿景，并制定实现这一愿景的策略。

4 传达愿景：通过各种方式不断传达愿景和战略，激发广泛参与和支持。

5 消除障碍并授权员工采取行动：消除变革的阻碍，鼓励员工采取行动并创新。

6 创造短期胜利：在变革过程中设立短期目标，取得早期成功，增强信心和动力。

7 巩固成果并进一步推进变革：巩固取得的成果，持续推动变革并进一步加强组织能力。

8 将新方法融入企业文化：确保变革成果融入组织文化，使新方法和理念成为组织的常态。

◎ 熵减

彼得·德鲁克说:"管理要做的只有一件事情,就是如何对抗熵增。"

"自然万物都趋向从有序到无序,即熵值增加。而生命需要通过不断抵消其生活中产生的正熵,使自己维持在一个稳定而低的熵水平上。生命以负熵为生。"

变革就是变人,这是变革的底层逻辑。而组织变革的底层逻辑是变人,而变人的底层逻辑就是熵减。

Tips

熵减：华为的活力之源

熵是物理学中热力学第二定律的概念，表示系统混乱程度的度量。在孤立系统中，熵会随着时间的推移达到极大值，系统趋向于最无序的平衡态。这个过程也被称为熵增。华为的熵减理论是其管理哲学的核心之一，由任正非先生提出，将物理学中的熵概念应用于企业管理。

熵减的目的是防止组织生命力的衰退，避免组织从有序趋于无序，逐渐走向衰亡。熵减表现为功能增强，即增加企业的生命力。

华为提倡与外界积极开展物质、能量、信息交换的开放精神，不断通过多劳多得、破格提拔、人员流动、简化管理来打破平衡态，促使公司实现熵减。

华为通过建立耗散结构，通过战略牵引吐故纳新，把旧的技能、思想等冗余的组织吐掉，引入新的开放、打破平衡和负熵因子，从旧的无效走向新的有效。

熵减的过程是痛苦的，但前途是光明的。任正非比喻说，水从青藏高原流到大海是能量释放的过程，而用水泵把水抽到高处，是用外力恢复它的能量，这个熵减过程是痛苦的。

华为采取的熵减措施包括简化流程、饱和攻击、自我批判和战略预备队等。这些措施旨在激活组织和组织的人，激发正能量，坚持核心价值观。

熵减理论也为企业营造了一种持续的紧迫感和危机意识，激励员工保持积极主动，不断追求创新和突破。

制度的权变

◎《华为基本法》

华为在 1995 年发起市场部集体大辞职,在 1998 年又颁布了《华为基本法》,基本法的颁布意味着华为二次创业正式启动。

而《华为基本法》在华为市场复制期,将任正非的个人意志转化为企业集体行动纲领。其目的就是有序地扩张,统一华为人的思想。

其一,华为过去为什么成功?《华为基本法》对华为过去的成功进行了系统性的总结、提炼、升华。

其二,华为过去成功的关键要素中,哪些能够持续帮助华为成功,哪些已成为持续成功的障碍?《华为基本法》不仅要继承、创新,更要跨越成功陷阱和自我批判。引入新思维是企业家与高管团队自我超越的过程。

其三,华为未来的成功靠什么?《华为基本法》还基于企业的可持续发展，基于企业未来的内、外环境变化，对未来的可持续发展进行系统性思考和展望，是华为面向未来的成功之道、发展之道。

《华为基本法》奠定了法治华为、制度华为，所有人在一个框架下开始了二次创业。

◎ 无为而治

管理的最高境界是"无为而治"。

所谓"无为而治"并不是指管理者什么都不管，将企业的一切抛到脑后；而是指管理者在管理企业时，不需要每日奔波劳累，能够自动、轻松地让公司在正轨上运行。

很多大企业，虽然领导者经常不在公司工作，出去喝喝茶、打打高尔夫球，但这些大企业都运作得非常成功，每年的盈利都在增长。相比之下，一些企业的管理者每天在公司加班熬夜地工作，但企业的运作就是不见起色，这样的企业管理者其实还不懂什么叫真正的管理。

> **Tips**

华为的自组织系统

在华为，有无为而治的说法。但"无为而治"在华为并不意味着什么都不做，而是遵循企业的内在发展规律，尊重人的个性，通过制度和文化来引导与激励员工，实现企业的自我管理和自我发展。

这种管理境界要求管理者能够从日常管理事务中抽身，将精力投入更长远和全局性的问题上，同时让员工在科学的机制下自发主动地发挥自己的聪明才智，从而形成企业的"自组织系统"。"自组织系统"具有自动运行和自动进化的核心功能，是实现"无为而治"的基础。

自组织系统有自动运行、自动进化、团队的自我管理和协作、权力下放、组织结构的动态调整、内部控制体系、项目型组织等特点或要求。华为通过制定明确的规则和流程，使得组织能够无须高层领导直接干预，自动高效地运行。这种自动运行的能力使得华为能够快速响应市场变化和客户需求。

特质三　跨越

身处市场激流，不进则退。无论是市场竞争、技术演进、客户需求还是组织活力，企业的发展永远处于一个动态过程中，企业的发展需要不断进入新的发展阶段，不断打破原有的业务边界、区域边界、组织能力边界。优秀的企业做什么都能做成，并在关键的经营维度，不断实现新的量变和新的质变，构建起有持续竞争力，且能自主进化的活力和组织生命力。

市场的跨越

◎ 明年的饭在哪里？

华为创业初期并没有清晰的战略方向，跟着感觉走，什么赚钱做什么，一个偶然的机会经人介绍开始代理香港鸿年的用户交换机。当时市场火热，代理产品很赚钱，但到了1991年，香港鸿年不给货了。任正非作为老板，没有产品可卖，就要考虑明年的饭在哪里。

华为与通信设备产品结缘虽有偶然性，但后来走上了自主研发的道路。1991年，开发出HJD 48交换机；1992年初，开发出JK1000；1993年初，研发出C&C08 2000门交换机；1994年底，成功研发C&C08万门机，这才逐步确定走向通信设备研发制造之路。

第二篇　卓越 CEO 的六大关键特质

◎ 扩张的人

一个 CEO 如果不能带领企业走向增长，连呼吸都是错的。企业战略的本质就是要解决企业的持续增长问题。而对于企业家来说，无论战略理论多么纷繁复杂，只需要抓住一个根本：解决企业持续增长的难题。

企业家一定是一个扩张型的人，一定是增长型的 CEO。

初创期企业要解决订单增长，成长期企业要解决规模增长，成熟期企业要解决利润增长，衰退期企业要解决企业生命增长。各个阶段的增长串在一起就是企业的"持续增长"。无论是郭士纳、杰克·韦尔奇，还是史蒂夫·乔布斯、埃隆·马斯克、稻盛和夫、任正非，这些传奇企业家的背后都是业绩的持续增长，在增长的过程中，才会流传出各种杰出的管理思想和管理方法。这些企业家如果不能带领企业持续增长，就会快速被社会诟病，跌下神坛。

◎ 市场上攻城拔寨

活下去是企业的硬道理，但企业的发展要不断跨越，不断扩张，不断实现业务增长，创造价值。

企业家要带领企业实现的第一个跨越是市场的跨越。不断在市场上攻城拔寨，从一个区域的成功到多个区域的成功，再到全球的成功。

华为在中国市场走了农村包围城市的路线，在国际市场上也先从亚非拉国家率先突破，但最终以压强式的饱和投入进入欧洲发达国家市场，成为全球性品牌。

Tips

华为全球化的五个阶段

1. 探路阶段（1996—2000年）：华为首次"出海"，在俄罗斯莫斯科设立海外第一个代表处，开始探索海外市场。

2. 跑马圈地阶段（2001—2004年）：华为开始加速国际化拓展步伐，先后在欧洲、亚洲、非洲等建立了分支机构，并与全球多个国家和地区的运营商建立了合作关系。

3. 地区部管理阶段（2004—2010年）：华为不再是简单地售卖通信设备，而是提出要做电信解决方案供应商，化对手为盟友，通过建立合作关系共同进步，把重点放在了客户身上。

4. 品牌提升阶段（2010—2013年）：华为在全球通信市场的份额已经达到20%~30%，在此期间，海外多业务协同作战，品牌价值不断提升。

5. 多业务发展阶段（2013年起）：华为在全球通信市场的份额进一步增加，消费者业务异军突起，为华为树立全球领先的ICT（信息与通信技术）基础设施和智能终端提供商形象立下了汗马功劳。

◎ 不增长，就挣扎

增长型 CEO 要面对的核心问题，首先是从一款产品的成功到无数款产品的成功，从一棵树到一片森林。

乔布斯回归苹果之后，快速将四十几款 SKU（库存量单位）砍到只剩下 Mac 等 4 款产品。在一款产品成功后又推出 iPod 产品，随后又推出颠覆性产品 iPhone。华为从最初的万门交换机到无线分布式基站，再到 5G 产品，再到终端的成功，也是如此。

其次是在市场上攻城拔寨，这也是一个 CEO 必须经历的扩张过程。

《华为基本法》中有一条清晰的战略要求。无论是产品还是市场，华为都要坚持聚焦战略。比如华为当年通过无线分布式基站的战略聚焦投入，在欧洲市场突破沃达丰、英国 BT 等客户，即坚持产品和市场的压强原则。在成功的关键因素和选定的战略点上，以超过主要竞争对手的强度配置资源。要么不做，要做就集中人力、物力和财力，实现重点突破。

一方面要在市场上攻城拔寨,另一方面通过一款产品到多款产品的成功,从一棵树到一片森林。这背后就是企业家追求扩张的野心。没有扩张就没有增长,没有增长企业就失去了活力和灵魂。

◎ 有效增长

有效增长，就是不在非战略机会上浪费战略资源。

有效增长的第一个含义，是追求在战略主航道上的增长，而且是逐年迭代的增长。有效增长确保实现战略意图，牵引战略落地。在华为，当必须拿下的市场拿不下来时，曾经赫赫战功的主将也会被快速拿下，换人冲锋。

有效增长的第二个含义，是通过业务增长不断提升组织效率，提升人均生产效率。

> **Tips**

什么是良性增长？

良性增长是指在经济、业务规模等领域中，某种事物或指标在数量或质量上的积极增长。这种增长不会引发负面影响，并且具有可持续性、稳定性和高资本回报率。除以上三个指标外，增长不仅仅是数量上的扩张，更重要的是增长的质量，即增长必须能够为企业带来实际的利润，并能够持续下去。

用户需求为基础：良性增长建立在用户需求之上，强调从用户的需求出发，重新划定增长的边界，并找到新的切入点以实现增长。

增长思维的普及：增长思维贯穿至企业的每个人，即增长不仅是高层管理者的责任，也是整个组织共同的目标和行动方向。

均衡增长而非恶性爆发：均衡增长，避免恶性爆发式增长，即避免为了短期利益而牺牲长期发展潜力。

增长的风险小于停滞的风险：增长的风险小于停滞不前的风险，即企业应积极寻求增长机会，而不是满足于现状。

由外向内的战略：企业采取由外向内的战略，聚焦市场需求而非仅关注产品本身。

改变企业的基因：改变企业的基因和企业文化，以适应不断变化的市场和需求。

产品的跨越

◎ 从一棵树到一片森林

每一次技术爆发都会带来生产力的提升,也会带来新的市场机遇,随之而来的也必然是新产品替代旧产品。

华为的从固定到移动,从窄带到宽带,从功能手机到智能手机,从 IT 到云,再到人工智能的突破,就是从一款产品的成功到多款产品的成功,从一棵树到一片森林,不断实现跨越的过程。

Tips

华为 5G 的突破

从 2009 年开始研发 5G 技术，华为累计投入了 40 多亿美元，仅仅在网络侧整体投入人力就超过 1 万人。2019 年 12 月，华为获得 70 多个 5G 商业合同，5G 网络技术陆续在世界各地规模化铺开。截至 2024 年 8 月末，中国 5G 基站总数达 404.2 万个，占移动基站总数的 32.1%；5G 移动电话用户达 9.66 亿户，占移动电话用户的 54.3%。

"贸工技"路线是中国很多制造企业发展的路径，华为也是如此，华为从基础的交换机代理走向 5G 技术的世界前沿，靠的是持续不断压强投入的坚持。多数中国企业都有不错的第一代产品，而产品的跨越是商业持续成功的基础。

安浩、金世俊、刘原三位乔诺首席研发与投资专家所著的《旗舰战法》一书中提到，旗舰战法本身不是只把旗舰产品做好，而是围绕旗舰产品做好产品组合战略，其背后也是追求企业的产品发展从一棵树到一片森林的突破。

组织能力的跨越

◎ 做什么，做出来，卖出去

有的企业做什么都磕磕绊绊，最后不了了之。为什么华为做什么都能成功？

底层逻辑是压强投入以及产品定义能力和工程能力。其背后是华为通过流程和机制保障企业不断跨越自我，持续获得成功。IPD、IFS、ISC、LTC（从线索到现金）等流程构建了华为的产品定义能力和工程能力，使得华为做到行业领导者的地位，近20万名专业技术人才一条心、一股劲、一个平台，实现力出一孔，利出一孔。

Tips

持续的商业成功从何而来？

《旗舰战法》一书讲述了华为的旗舰产品突破之路，并总结了华为持续商业成功的步骤：

1. 持续的压强投入；
2. 以市场和技术双轮驱动，挖掘客户价值需求和市场价值需求；
3. 构建指哪儿打哪儿的团队执行力；
4. 通过 IPD 流程确保过程质量；
5. 以强大的旗舰产品重量级团队和组织运作为保障。

◎ 组织能力的跨越

战略决定组织,组织跟随战略。

一个企业要做什么都成功,战略是方向,组织能力是保障,且组织能力应该以战略目标的达成为导向。能够让组织内部产生自我驱动的能力,才能称之为组织能力,才能不断打胜仗,在实战中锻炼和选拔干部,形成良将如潮的局面。组织能力实现跨越方能助力企业跨越周期。

第二篇 卓越 CEO 的六大关键特质

Tips

华为组织能力的修炼

《规则》一书介绍了华为近 20 年先后进行的一些管理变革,包括:市场部大辞职,起草《华为基本法》,引入 IPD、ISC、财经四统一、DSTE(从战略到执行)、LTC、IFS、ITR(从问题到解决)、IPMS(集成产品营销与销售)、干部管理等。从本质上来讲,就是把能够规则化的事情都规则化了。

2015 年,任正非引用了周其仁教授的一句话对管理改革的成效进行概括——用规则的确定性来应对结果的不确定性。

正是这些"规则",让华为这个组织变得日益强大。华为的运营商业务、消费者业务、企业网业务均在全球有出色的表现。2019 年 5 月 16 日受到美国制裁之后,华为依旧表现出了强大的组织能力。

特质四　开放

任正非说过:"我们经常参加各种国际会议和论坛,杯子一碰,只要 5 分钟,就可能会擦出火花,吸收很多'能量'。你们一天不改变你们的思维习惯,就不可能接触世界,不接触世界怎么知道世界是什么样子的,有时候一句话两句话就足以道破天机,擦出思想的火花。"

开放是活力之源,是变革的基础。一个企业文化不开放,就不会努力地吸取别人的优点,就会逐渐被边缘化,是没有出路的。一个不开放的组织,迟早也会成为一潭死水。

对外开眼界

◎ 团结一切可团结的力量

毛泽东指出，统一战线、武装斗争、党的建设是中国革命取得成功的三大法宝。统一战线作为三大法宝中的第一宝，就是团结一切可以团结的力量，壮大自己，削弱敌人，才能逐步实现有利于自己的力量变化。团结就是力量，团结的前提是必须开放。不开放，就不会赢得外部力量的认可，也不会达成团结合作的目的。

任正非的逻辑就是"要开放，团结一切可以团结的力量"。因此，华为与客户合作，与渠道商合作，与高校科研院所合作，甚至与竞争对手合作，"国不分东西，地不分南北"，联合大家的力量共同推动信息通信行业的技术发展，共同创造良好的企业生存空间，共享产业价值链的利益。

◎ 一杯咖啡吸收宇宙能量

2024年11月,华为在上海的青浦练秋湖研发中心投入使用。在青浦研发中心,华为规划了100多个咖啡厅,鼓励员工多喝咖啡,多与外交流,增长见识。

任正非说:你们要开放,吸收宇宙的能量,构筑未来的世界。华为的咖啡文化,其背后的开放、平等、包容精神渗入华为全球的每一个角落,促进了华为文化的演进。

对内听声音

◎ 听到声音，释放能量

企业家要对内开放，听到内部的骂声，听到内部的不满，听到真话，让员工释放巨大的能量，用开放、妥协、宽容鼓励更多员工创造价值。对内开放就是听到内部的各种不同声音，从不同声音中吸收促使企业前进的能量。

正所谓，"凡是不'骂'公司的人，他看不到改进的空间"。"你都没有思考华为哪儿做得不对，怎么领导一个团队做对呢？"

◎ 烧不死的鸟是凤凰，在自我批判中成长

2018 年 1 月 17 日，华为公司发布了一份《对经营管理不善领导责任人的问责通报》，因"部分经营单位发生了经营质量事故和业务造假行为"，华为公司对主要责任领导作出问责："任正非罚款 100 万元；郭平罚款 50 万元；徐直军罚款 50 万元；胡厚崑罚款 50 万元；李杰罚款 50 万元。"同时，华为"已经将经营数据造假的主要高级别领导降职降薪、冻结晋升"。

创始人带头认罚、自我批判，坚持长期自我批判在华为是一种价值观。华为形成了一套长期自我批判的机制，包括民主生活会、自我批判大会、蓝军参谋部、心声社区等。

所以，有人说，学习华为就学习两点：华为是如何学习别人的，华为是如何批判自己的。

Tips

管理上司的守则与禁忌

守则

1. 一年问一次上司："我该如何做或我下面的人该如何做，才能帮助你完成既定任务？""我或者我的人有没有妨碍你的地方？"
2. 部属的工作不是去改造或再教育上司，不是让上司符合商学院或管理教科书所描述的那种理想的上司，而是让上司做他自己，从而展现出独特的风格。
3. 经理人的任务是要让属下尽量发挥所长，不让属下的缺点对工作造成负面影响。这一原则亦适用于管理经理人的上司。
4. 让你的上司知道所有该知道的事。毕竟，你的上司必须对部属的工作绩效负全责。他们必须能向更高一级的主管说"我知道我的部属在做什么"。

禁忌

1. 千万不要让你的上司感到意外——甚至连好事也不例外（如果有这种事情的话）。发生这种意外时，负责的人（你的上司）通常会觉得受到羞辱，而且是公开地被人羞辱。
2. 千万别低估你的上司。不过，高估上司并没有任何风险。如果你低估你的上司，对方可能会加倍还击，万一你犯了任何错误，可能会遭到来自上司更大的羞辱。

持续学先进——买买买

◎ 鼓舞大家站在巨人肩膀上的人

再好的管理体系,如果企业的员工没有开放的心态去面对、去接受,就无法形成系统的力量促使华为实现科学的管理。企业家不仅要有自我开放的意识,更是那个鼓励大家站在巨人肩膀上的人。几乎各个领域都有牛人、强者专业探索过,企业家要有慕强精神。华为耗费了十几年时间,不断向西方国家买买买,几乎与西方的优秀咨询公司合作了个遍,在华为内部建起了 17 条主干流程,就是为了赢得时间的竞争。

企业家一定要有 40% 的时间与外部的客户、用户、供应商、科学家、政治家等不断交流探讨。就是以开放的心态拥抱外部世界,让自己和团队都能够站在巨人的肩膀上,系统学习,恭恭敬敬向别人学习。以一种开放的心态看待世界级人才,尤其是某个领域的权威科学家。

企业家是鼓励大家站在巨人肩膀上的人。你能想象任正非是靠什么秘密手段去统率20余万华为人的吗？华为唯一的武器是团结，唯一的战术就是开放。

◎ 买思想、买制度、买流程

早期的华为内部曾有一份报告：华为的研发费用浪费比例和产品开发周期竟然是业界最佳水平的 2 倍以上。华为人均效益只有思科的三分之一、IBM 的六分之一。用 IBM 顾问的话来说，那时的"华为没有时间一次性把事情做好，却总有时间把事情一做再做"。

1997 年，任正非带领团队访问了 IBM、贝尔实验室和惠普等多家企业，任正非毅然选择了 IBM 作为华为的导师，希望华为能够学习和借鉴 IBM 的管理精髓。

1998 年，华为正式与 IBM 合作，启动了三个"I"的项目变革合作，从 IPD、ISC 到 IFS，自此华为走上了"买买买"的道路，即买思想、买制度、买流程。通过 20 多年花费数十亿美元，在世界范围内购买管理体系。

慕强精神

日本是一个资源极其贫乏的国家，却能够成为经济强国，关键靠管理。日本历史上有三次崛起，都是向不同时期的强者学来的。慕强精神是日本企业最普遍的成长法宝。

在古代，日本通过遣隋使、遣唐使等，积极学习中国先进的文化和技术，如文字、法律、建筑、艺术等。

19世纪初，随着西方海上力量逐渐增强，一些日本思想家和政治家开始倡导"开国"，学习西方的科技、军事、政治制度，以求自强，这一时期被称为"维新运动"。这是日本面对西方主动寻求学习和改变的重要转折点。

二战结束后，日本在废墟中重建，迅速采纳并融合了美国的技术、管理理念和市场规则，实现了"经济奇迹"，成为全球重要的经济大国。这一阶段，日本的学习对象主要是美国，尤其是在经济管理和产业技术方面，展现了其在全球化背景下追求现代化和提升竞争力的决心。

日本从古至今都展现出了对"强者"的学习和模仿，这是一种贯穿了日本整个历史发展过程的持续性行为。这种"慕强"精神，既是日本文化的一部分，也是其不断进步和发展的重要动力。

特质五　管理大师

美国开国元勋亚历山大·汉密尔顿有一句名言："对于一个好政府来说，执行力是第一位的。它可以使一国免遭别国入侵，它可以保证法律的有效执行。不管一个政府基于怎样的法理基础，如果缺乏执行力，就是坏政府。"管理的目的就是"做成事"，执行力的本质就是管理水平，所谓的管理大师就是做什么事都能做成的人。

洞见与闭环

◎ 洞见

洞见就是洞见机会、洞见阶段、洞见矛盾。

洞见是对一个企业家的核心能力要求。当年宽带刚刚起步的时候,华为一开始是质疑宽带是否可以普及的,因为当时的产品普及成本太高,华为也没有研发芯片的规划和能力。但经过几年的市场发展,华为开始调整自己的洞见结论。同样,华为在手机、汽车业务上都有类似的操作。发现机会并不难,判断机会的发展趋势及入场时机,找到核心的矛盾点,以压强投入才是关键所在。

管理四步

管理者就是管理目标、管理任务、管理路径、管理时间,如此才能打确定性的胜仗。

Tips

德鲁克的闭环管理

《管理的实践》一书中提到了闭环反馈,它不仅是一种管理工具,更是一种管理哲学。闭环反馈是指在完成一项工作后,及时获得反馈并对其进行分析和改进的过程。

1 **建立有效的反馈机制**

建立一个有效的闭环反馈系统,需要明确目标和期望,并设定可衡量的指标来评估工作结果。同时还需要建立沟通渠道,确保及时获取反馈信息。

2 **分析和改进**

通过收集和分析反馈信息,了解工作中存在的问题、挑战和机会。基于这些信息,采取相应的措施来改进工作流程、提升团队绩效和个人能力。

3 **学习和适应**

闭环反馈机制促使团队持续学习和适应环境变化。通过与他人的交流和共享经验吸取教训、发现新的方法和工具,并不断提升团队的能力。

4 **持续改进**

闭环反馈是一个循环的过程,是一种持续改进的机制。完成一项工作后进行反思和总结,找到可以改进的地方,并在下次工作中加以应用。通过建立闭环反馈系统实现个人和组织的持续学习和改进,提高工作效率和质量。

◎ 逝者如斯夫

长江水，昼夜不息，逝者如斯夫。

管理者要创造让士兵打确定性胜仗的机制，这就是流程。

Tips

让团队打确定性的胜仗

华为和海底捞的团队组织的人员结构有很大差别,但都建立了流程型组织以实现客户和员工价值。华为的核心用工群体是知识工作者,海底捞的主要用工群体是服务人员,但都实现了企业的高效率,也释放了员工潜能,员工拿到了满意的收入,受到客户尊重和赞扬,充满归属感。

公司的管理者们通过流程管理,实现多赢目标,也引领了社会的进步,这是企业家的价值所在。相信所有企业家都有这样的梦想:员工和企业都获得高收益。这个目标的抓手是流程。任正非说,华为的目标是建立流程型组织。管理者的职责,是进行创新和变革,把成果用流程固化下来,管理效益出来了,管理价值有了,企业战斗力也出来了。员工也能在这样的流程型组织下打确定性的胜仗。

◎ 管理的目的就是提升基线

基线,就是历史,是历史数据。比如公司上年销售的毛利率 31%,就是基线。而管理的闭环,就是建立基线、使用基线、刷新基线,每年进步一点儿。

Tips

2023年新年伊始，乔诺咨询发表了《2023年，效率增长》一文。文中分析了全球具备穿越周期能力的四家代表性企业——苹果、可口可乐、特斯拉、华为，以及2017—2021年的三个运营效率的重要指标：应收周转天数、存货周转天数、销管费用率。

一个明显的信号是，这四家世界级企业的三个关键指标，每年都在不断优化，而其优化的本质就是提升基线，构建更强增长能力及市场竞争力。

执行力

◎ 做什么事都能做成的人

爱迪生是一个伟大的发明家，却不是一个成功的管理者。他也会讲故事，能够吸引金主的投资；他理解的企业就是技术+资本；他不相信管理，结果是他开办的7家公司都经营不善，本人被资本控制方摩根赶出公司，失去了对公司的控制权。

人们简单地将其商业失败归结为缺乏商业头脑，其实根本原因是其糟糕的商业预判与缺乏管理思维。

相反，所有人都认同乔布斯是一个产品创新大师，他主导推出的每一款产品都让世界惊艳。不为人知的是，乔布斯还是一个绝对的管理大师。他身上具备一种超级扭曲力，这种扭曲力能够让他想做的事情都能够做成。

乔布斯往往能够让不可能的事情按照自己期待的方向去发生，哪怕是违背现实的。所以，他想完成的事情都能够完成。每一款产品成功背后一定有一个管理过程，而非任由过程发展，不加控制。管理结果是最好的说明。从商业的角度看，管理大师就是做什么事情都能够做成的人，而执行力就是管理水平的体现。

第二篇　卓越 CEO 的六大关键特质

Tips

现实扭曲力场

《苹果往事》一书中，作者麦金塔软件工程师安迪·赫茨菲尔德用现实扭曲力场来形容乔布斯的强大气场：乔布斯结合口若悬河的表述、过人的意志力、扭曲事实以达到目标的迫切愿望，从而形成视听混淆的现实扭曲力场。

苹果的工程师特里布尔说：现实扭曲力场是一种称赞，也是一种警示。陷入乔布斯的扭曲力场是一件很危险的事情，但也正是这种力场让他可以改变现实。

乔布斯的现实扭曲力场主要来源于他的世界观，他对人或物的分类往往是非黑即白的两种极端。人要么是"受到过神灵启示的"，要么就是"饭桶"；工作成果要么是"最棒的"，要么就是"狗屎"。乔布斯往往能够让不可能的事情按照自己期待的方向去发生，哪怕是违背现实的。譬如，乔布斯希望 Mac 项目能在 1982 年 1 月之前完工，只有不到一年时间。"这太疯狂了，"赫茨菲尔德指出，"不可能的。"特里布尔说，乔布斯是不能接受违背自己意愿的事情发生的。最终的结果是，他想完成的事情都能够完成。

◎ 执行力的本质是管理水平

知道做不到，等于不知道。知道做不到，不如不知道。

强悍的执行力就是做什么都能成，而不是做什么什么不成。

Tips

做强战斗部

电视剧《绝密543》中有一个典型的执行力场景。当敌机干扰领空的时候,一线战斗部要做的是等待命令,什么时候开打。打不打上级说了算,能不能打下来是一线作战部要考虑的问题。只有具备强悍执行力的战斗部才能指哪儿打哪儿。

重复断言

◎ 婆婆嘴

在华为，关于客户、关于质量、关于资源倾斜价值客户、关于管理、流程性组织建设等诸多问题，任正非先生讲了20多年还在苦口婆心，一直讲。

这就是婆婆嘴，一个道理、一件事情反复讲、经常讲，常拉袖子、勤扯耳朵，多说多讲，多"啰唆""唠叨"，常念紧箍咒，这样才能在企业当中形成风清气正的价值导向。

第二篇　卓越 CEO 的六大关键特质

Tips

任正非 20 多年一直在讲的

1. 卖得出去的东西，或略略抢先一点点市场的产品，才是客户的真正技术需求。
2. 我们用 10 年的时间，花大量的金钱和精力，在市场上塑造了两个字——"诚信"，这是我们的立身之本，是我们的核心竞争力，是华为公司对外的所有形象，这个无形资产是会源源不断给我们带来财富的。
3. 质量好、服务好、运作成本低、优先满足客户需求，及时、准确、优质、低成本交付。
4. 我们是能力有限的公司，只能重点选择对我们有价值的客户为战略伙伴，重点满足客户一部分有价值的需求，这不能算是不谦虚。
5. 在有清晰长远路标的条件下，敢于机会主义。
6. 七个反对与市场压力无依赖传递。
7. 没有合理的成长速度就没有足够的利润支撑企业的发展。
8. 如果我们只研究蜘蛛腿，谁给我们饭吃？因此，不能光研究蜘蛛腿，要研究客户需求。
9. 削足适履。
10. 看《大工匠》100 次也只是经验，不能成为理论和方法。
11. 只有把自己销售出去，才有可能销售产品。一点一滴销售自己的形象，每个人销售自己的一点形象，都是在销售这个企业。
12. 华为文化的精髓是开放、妥协、灰度……

特质六　创新大师

创新有风险，但不创新才是最大的风险。世界上唯一不变的就是变化。适者生存，历史上很多优秀的开创者被后来者追上，成为失败者，本质上是没有跟上时代的变化，无法割舍既得利益，没有勇气革自己的命。任正非说：华为一切的创新都是为了活下去，这是创新的底线也是最高要求。创新就是为了能够持续获得新的增长。创新要站在前人的肩膀上，唯有开放才能吸收他人优点。创新能力就是厚积薄发的能力，唯有能力的积累和发展创新才是应对变化的根基所在。

激活创新机制

◎ 看向未来的人

在《创新是华为发展的不竭动力》一文中，任正非指出：企业创新是"因"，提高企业核心竞争力则是"果"。

中国大多数企业都是以贸易起家，华为创业之初也是做贸易。做贸易历经磨难，才能深刻体会自主研发对于打造核心竞争力、保证企业可持续发展的重要性。过去的 20 多年里，华为坚持每年将销售收入的 10% 投入研发，就算在全球经济低迷的背景下，华为仍坚持加大研发投入。在研发投入上，华为不仅远超国内企业，在国际企业中也排名前列。

从公司的角度来看，华为是一家高科技导向的创新型公司，这是对创新的狭义理解。从管理者的角度看，创新有更广泛的定义。企业家不仅是管理大师，也是创新大师，而只有创新才能面向未来，才能构建持续不断的竞争力。

八大创新

创新有八大类型,分别是产品创新、服务创新、业务流程创新、商业模式创新、组织创新、人才管理创新、激励创新、运营创新。

麦当劳采取的就是一种整合创新,既有商业模式的创新,也有业务流程、产品的创新。

华为著名的铁三角工作法就是一种业务流程创新,通过不同角色的紧密配合,真正做到以客户为中心。

简单来讲,商业模式的创新,就是向谁收钱、如何收钱的问题,往往会助力企业形成新的竞争优势。比如,AirPods本是苹果手机取消耳机孔的衍生品,后来成为苹果年销售额 200 亿美元的业务。同样 App Store 作为苹果软件服务领域的王牌业务,也是一种商业模式创新。

◎ 领先半步

领先半步是先进，领先一步是先烈。

华为曾在 3G 技术研发上投入了巨额资金，却因其迟迟无法投入商用差点被拖垮。人类历史上，超前的创新单从技术角度看，比比皆是。

比如，2013 年，朗讯与中国移动共同发布了"灵云无线微基站"，这款产品基站体积小，可快速部署，甚至不需要机房，不过最终没有获得成功。

日本企业因为技术创新而无法获得商业成功的也很多，比如电动汽车和氢能源汽车的争论，日本掌握很多关键技术，却无法获得市场的认可，在商业成功角度就会慢慢死掉。创新的目的必须以商业成功为最终衡量标准。

◎ 激活人力资源的创新机制

靠半个月开一次创新会是不可能形成创新能力的。

创新是一种机制，企业如果长期在研发经费投资上牵引不够，没有形成"以客户需求和技术创新双轮驱动"机制，没有激活和构建"为我所知、为我所用、为我所有"的能力组合，没有团结一切可以团结的力量，和世界上最优秀的供应商、客户联合，形成最强大的伙伴关系，且加强与战略供应商的合作，创新的文化就无法在企业扎根。

产品与技术创新

◎ 市场与技术双轮驱动

理想汽车采用的增程式技术，被一部分人说成一种落后的技术。理想汽车却通过市场和技术驱动，成为新能源汽车里最受欢迎的品牌。

所谓的技术落后，本质上是技术人员的思维狭隘，没有考虑用户需求是什么。理想不仅解决了新能源汽车的里程焦虑，而且方便了上班族通勤的城市出行需求，同时击中了"奶爸"群体希望汽车空间大、舒适、豪华、自动驾驶等需求痛点，真正做到了市场与技术双轮驱动，实现了商业上的成功。

业务实践创新

◎ 小改进大奖励,大建议只鼓励

华为在流程建设上几乎与全球顶尖咨询公司合作了个遍,包括 IPD、ISC、IFS、LTC,以及 EMT 和轮值 CEO 制度等,这些重大管理变革项目无不是在持续优化的基础上进行,而且几乎覆盖了企业管理的每个职能模块,也几乎贯穿了华为整个发展历程。

流程的改革工作,华为很多都是自上而下进行的。同时华为也没有忽视基层工作的流程优化,通过奖励的方式激励华为上下从实践中发现流程管理亟待改善的地方,从细节处改进管理工作,因此提出了"小改进大奖励,大建议只鼓励"。

流程的优化和改进更多是依靠一点一滴的实践完成的,突然提出一个很大的"主意"不是华为的方式,通过真正落实到工作上并确有改善的实践才是鼓励的。

\ 第三篇 \

卓越 CEO 的五项修炼（E4S）

E（empowerment）开放式赋能

企业最本质（没有之一）的工作是赋能，猫捕鼠、犬守门各司其职，让合适的人在适合他的岗位上工作天经地义。"三寸之地必有芳草"，企业家应该及时选择、提拔人才、干部，不要眼睛总是盯着外面，不应老抱怨自己没有人才、没有干部。让相关的人成为合适的人、能够在适合他的岗位上工作，让其贡献大于成本。在方法上、实践上，鼓励英雄的涌现，通过这些"能人"来提升整体工作水平、工作能力，并且无私复制到各个角落，面向客户端的人员更需要这样的能力和赋能。没有一个人天生就是符合岗位的，必须经过磨炼和积累，最好的方式是扶上马送一程。

"要做什么"的思考题
1. 企业如何利用共同价值（含底线/红线）与愿景驱动？
2. 企业的企业文化与长官意志（促进行为准则协同和一致）是否一致？
3. 企业的人才发展之教育职能（含领导力发展）是否形成体系？

让干活的人合格

◎ 管理者最重要的职能

管理者的资源是人,而人这种资源是独一无二的,他要求使用他的人有特殊的品质。

管理者最重要的职能,就是教育职能。这一点不仅适用于被管理的人,也适用于管理者自身。

用人就意味着要培养人。培养方向决定着人这种资源是变得更富活力,还是最终完全失去活力。

是否按正确的方向培养下属,是否帮助他们成长并成为更强大和更丰富的人,将直接决定着他们能否得到发展,是成长还是萎缩,是进步还是退步。

赋予他人愿景和执行能力,是独一无二、唯能寄望于管理者的任务。归根到底,管理者的定义就在于愿景和道义责任。

Tips

花 4 个小时"折腾"一份职位说明书

有一次,德鲁克全程参与了通用汽车公司的一个高层主管会议。他对这次会议单单为了一份高级机械工制定职位说明书就花了那么长的时间感到非常不可思议。

会议结束后,德鲁克找到斯隆,问他道:"请问斯隆先生,你们怎能容许主管人员浪费那么多时间在那样微不足道的事情上呢?"

斯隆答道:"这家公司付我很高的薪水,要我制定重要的决策,而且是正确的决策。那些和我同在 14 楼上班的高层主管,也许非常聪明,但如果我们挑选了不胜任的人到俄亥俄州代顿厂(Dayton)负责高级机械工的职务,那么在这里做的决策等于白费工夫。将决策转变为成果的,就是在那个岗位上工作的人。"

◎ 企业大学应该教什么？

有人问："如何成为一名优秀的销售经理？"
有人问："如何努力才能成为商业领袖？"
有人问："如何成为一名优秀的财务人员？"
华为的赋能是实行训战结合，需求驱动供给。
华为的学习发展大纲由人力资源委员会来组织拟定，华为大学就是交付团队。且这个大纲是滚动变化的。
比如，以前华为人不懂"1+1=2"，华为大学就要重点在"1+1=2"这个问题上去努力工作；现在"1+1=2"在华为不是问题了，华为大学就要在"1+2=？"这个问题上进行研究。如果所有大学都在学习"1+1=2"，就只发挥了教师的优势，教师能讲什么，你就听什么，所以华为公司的培训不能总是"1+1=2"。
项目需要什么，华为大学就供给什么；如果不需要，你准备了，那是浪费，除非你自己有钱。
所以训战结合最好使用兼职老师，只有兼职老师才清楚当下这些代码代表什么，组合起来是什么，可以达到什么目的，产生什么结果……将来专职老师应该是更强的组织者，因为即使是最优秀的专职老师，两三年后也可能会跟不上变化。

◎ 领导四力

1. 自省力（反思力、权变力、变革力，其前提是在顺境中能看出苗头，对环境敏感）
2. 给别人好处的能力
3. 狂热者（Zealot）
4. 常常带领团队打胜仗的能力

从土匪（白丁）到战士到现代战士

◎ 高绩效文化

企业文化表现为企业一系列的基本价值判断或价值主张。企业文化不是宣传口号，它必须根植于企业的组织、流程、制度、政策、员工的思维模式和行为模式之中。

任正非说过：华为什么都能缺，人才不能缺；什么都可以不争，但人才不能不争。华为的文化是一种导向成功的高绩效文化，是基于客户导向的高绩效文化。人才是高绩效的基础。

华为不是技术的成功

AIG 创始人史带先生问任正非华为成功的关键是什么，任正非答是"自我批判"。华为总是在自我否定中不断前进。华为的成功不是技术，不是市场，更不是自愿，而是对人性洞察和驾驭的成功。

华为的成功不单单是技术的成功，而是赋能，是基于员工能力成长的成功。

三种赋能：专业赋能、专项赋能、循环赋能

◎ 三种赋能

企业家赋能分为：

专业赋能，如销售技能、交付技能、财务技能等；

专项赋能，如哲学与文化、管理能力、项目管理等；

循环赋能，如充电与镀金、提拔或不掉队等。

如果一个管理干部不能培养接班人就不能提拔。

赋能的根本是让干活的人合格，让团队成长，做大蛋糕，创造价值。

◎ 管理体系建设的两种逻辑

业务决定管理与管理决定业务，是管理体系建设的两种逻辑。所有的企业都在追求管理与业务的匹配，但很多大公司最终不由自主走向管理决定业务，因为对内管理是确定性的、容易、风险小。很多大公司死掉，不是管理太差而是管理太好（过度/僵化），门头对内，不看外面变化，这就注定了管理体系永远落后于业务和技术。

武器进步，技术的变化是龙头，技术正在改变管理。用工业时代的管理思想和管理体系武装的队伍，是无法打赢智能时代的战争的。

◎ "4个四"

打造产品的四大法宝：质量好、服务好、运作成本低、优先满足客户需求。

营销四要素：客户关系、投标方案、交付与服务、融资方案。

真正以客户为中心四要素（泛服务）：及时、准确、优质、低成本的服务。

干部四力：决断力、执行力、理解力、与人连接力。

S1（strategy&customer）战略与客户

企业为谁而存在？处于第一位的永远是客户。企业的可持续发展，归根结底在于能够满足客户的需求，客户需求也是企业发展的原动力。对于企业来说，面向客户是基础，面向未来是方向。如果不能够面向客户，企业就没有存在的基础，如果不能面向未来，企业的发展就没有牵引。而战略的核心导向也是客户，战略从客户而来，以客户为中心就是帮助客户实现商业的成功，从而实现价值的转移。

"要做什么"的思考题
1. 公司（每年）业务战略是什么？
2. 公司各业务单元如产品、区域、供应链（每年）的战略是什么？
3. 公司的财务战略—HR 战略—品牌战略是什么？

战略从客户而来

◎ 战略与客户

企业家要把 40% 的时间花在战略和客户身上。

方向大致正确,组织充满活力。

大致正确的"方向"是指满足客户长远需求的产业和技术。其实"方向"包含的内容非常广泛,以客户为中心、以奋斗者为本、艰苦奋斗、利益分享制……作为商业组织,如果不能聚焦客户需求、把握商业趋势,方向就不可能做到大致正确。

企业应该知道正确的战略从何而来,要有虔诚为客户服务的信仰,才能培养企业基本的战略素养,从客户中发现战略线索,从而形成战略指引方向。

> **Tips**

为客户服务是华为存在的唯一理由

从企业活下去的根本来看,企业要有利润,但利润只能从客户那里来。华为存在的本身是靠满足客户需求,提供客户所需的产品和服务并获得合理的回报来支撑;员工是要给工资的,股东是要给回报的,天底下唯一给华为钱的,只有客户。我们不为客户服务,还能为谁服务?客户是我们生存的唯一理由。

——《华为公司的核心价值观》

◎ 战略修养

战略修养是一个企业家驾驭复杂商业环境过程中，在实践经验基础上所积累起来的，对战略问题进行理解、判断、预见、规划和执行的综合素质与能力。它包括方向感、任务序列、节奏感等多个维度，构成了一位企业家的战略理解能力、战略预见能力、战略判断能力、战略规划能力、战略落地执行能力等。

◎ 什么是战略？

战略就是利用资源达成要实现的目标。战略就是能力要与目标匹配。战略不是预测未来，而是创造未来。用现在确保未来，用未来牵引现在。

华为在 2012 年初立下了七个目标，它们分别是：

1. 将华为手机从运营商定制手机转型为自有品牌；
2. 将华为手机从低端机向中高端转型；
3. 放弃制造不赚钱的超低端功能手机；
4. 启用华为自己的芯片；
5. 开始做电商；
6. 把精力更多地投入用户体验中来；
7. 确定了"硬件世界第一"的目标。

从今天的结果来看，华为确定的目标基本上实现了。

◎ 战略从何而来？

2017 年 6 月 22 日，任正非在德国慕尼黑与德国代表处交流；
2017 年 6 月 23 日，任正非在波兰代表处交流；
2017 年 6 月 24 日，任正非在莫斯科与俄罗斯代表处交流并发表演讲；
……

当时，任正非自己搭乘公共交通连续几天奔赴一线，步履匆匆。他在几天的时间内奔赴数国，就是为了能够面对面与客户进行交流，把大部分的时间花在客户身上。为什么？因为战略就来自客户。客户为什么买形成战术，战术形成战略线索。如滴滴叫车不允许客户等待超过 5 分钟就是一个线索。战略线索形成战略，战略指明业务设计。战略的起点是客户，终点也是客户，驱动仍是客户。

◎ 战略定力

战略的确定性就是胜兵先胜而后求战。战略的意义不仅仅在于胜利。

战略落地往往会遭遇"布朗运动",缺乏战略耐性,甚至穿新鞋走老路。眼前利益是战略的最大敌人,管理者要带领团队抵制眼前利益的诱惑,争取更大的利益。

CEO 的五项修炼

Tips

厚积薄发

鲲鹏私董会的内部读物《每天一篇任正非》中,记录了任正非先生接受采访时讲述的一个故事。

主持人:您认为华为国际化成功的秘诀是什么?

任正非:中央电视台播了一部《神秘的刚果河》的纪录片,在波涛汹涌的河面上,渔民历经九死一生去捕鱼。我们也相当于这些在非洲河上的孤胆英雄,坚持20年才划到起跑线。但,起跑线上的突破,就是人类社会认知的突破,这有多难!所以说,要厚积才能薄发。我们是非上市公司,高层都是着眼未来5至10年的战略构建,不会只考虑现阶段,所以我们就走得比别人快、比他们前瞻。突破是要有战略定力和耐性的。10年、20年没有突破,甚至一生也没有突破,一生都是世界备胎。

我们现在不是靠赌哪一种技术、哪一种方向,"赌博"这种路线是小公司才会干的,因为它们的投资不够。大公司有足够的资金,在主航道里多路径、多梯次地前进,通过密集型投资,来缩短探索方向的时间。在多重机会的作战过程中,可能某种机会成为业界的主潮流,战线变粗,其他战线会慢慢变细,但也不必关闭别的机会。

把有经验的干部调到主线作战,把一批新干部调到支线去作战,继续进攻。前进的人来自多元化视角,并不是只有一条路线思想,他带着有失败经验的思想在前进,我们就一定会爬到顶端。美国军队要打胜仗,不计弹药量,大家以为是浪费,其实它是靠投资密集度来攻占。此外,我们有广泛吸纳人才的机制,而且,15万人"力出一孔,利出一孔",我们除了胜利,已经无路可走了。

领袖的作用是方向感，引领方向是艰难的

◎ 战略的核心

战略的核心是抓住大趋势，因为只有大趋势才会酝酿大机会。战略的机会不能靠小聪明。一个人的成就，固然和自身努力分不开，更离不开时代的大趋势。

企业同样如此，企业成功有三大基因，生在大时代、靠着大机会、拼的大奋斗。

第三篇 卓越CEO的五项修炼（E4S）

Tips

任正非：小灵通差点要了我的命

华为的发展历程中，小灵通业务的决策给任正非以及整个公司带来巨大的压力和挑战。

任正非最初并不看好小灵通技术，认为它是一个过渡性的产品，技术上存在瓶颈，难以演化出3G。因此，他坚持华为不进入小灵通市场。这是艰难的技术路线选择问题。在任正非的坚持下，华为放弃了小灵通业务，竞争对手如UT斯达康和中兴通讯等公司则通过小灵通业务迅速占领市场，获得了巨大的利润。这导致华为在国内市场面临巨大的竞争压力，同时也让任正非承受了巨大的决策压力。

由于错失小灵通的市场机会，华为在2002年遭遇了公司历史上首次业绩下滑，净利润大幅减少。这不仅影响了公司的财务状况，也对公司的未来发展造成了不确定性。

任正非在决策过程中承受了巨大的精神压力，他曾表示自己有半年时间都在做噩梦，梦醒时常常哭。由于压力过大，他的抑郁症加重，甚至几次想要自杀。

也正是在国内市场颗粒无收的情况下，华为开始大力开拓海外市场，寻求新的发展机会。这一战略调整对华为的国际化进程起到了关键作用。

◎ HTC

作为一个企业家或高层管理者,要对行业有清晰的洞见。

对你从事的这个行当里面的 HTC,即历史(history)、现状(today)、未来(coming)一清二楚,你要知道过去、现在和未来到底是什么。

只有知道历史才可能造就卓越。

◎ 战略不落地，因为没有管理抓手

很多企业都觉得自己战略很清晰，但员工执行力不够，战略无法落地。

战略不落地的原因只有一个，就是没有管理抓手。归根结底，战略落地还是要利用管理体系，将其管理起来。

在华为，管理要事只有两件：第一是持续发展业务，不管是终端、汽车，还是云、企业网；第二是持续变革，在营收最好、市场最优、条件优厚的时候，投入变革资源，引入变革，持续改进，形成管理体系。

虔诚地为客户服务

◎ 真正做到以客户为中心的四要素

1. 及时；
2. 准确；
3. 优质；
4. 低成本的服务。

◎ 高级领导去区域出差干什么?

1. 见客户。必须见客户,如果没有客户可见,甚至不必去这个区域出差。见了客户要倾听,要营销;有时需要赔礼道歉;有时是形象代表;是否做具体项目,看情况。

2. 见合作伙伴。选择性见合作伙伴,指导、倾听、帮助解决困难和问题。

3. 听汇报。必须或尽量听汇报。要做指导,要现场解决问题;甚至更改目标和要求,确定山头或战略项目;听销冠分享,提炼推广优秀实践。

4. 座谈会。选择性参加,听吐槽与打气、鼓励、指导。

5. 见政府。非必要不见。

S2（structure&staff）布阵点兵

企业的发展是阶段性的，是一个阶段一个阶段地发展，但是，核心竞争力的目标是不断在变的。所有的企业都是从小公司演变过来的，小公司每成长一步，架构更改一步，干部换一拨。战略决定业务，业务决定业务流，业务流决定组织。组织是容器，也是业务的承载体。不同的战略有不同的适配组织，不能轻视更不能忽视，组织要跟随战略，与战略适配的组织和阵型决定了企业的执行力如何。

"要做什么"的思考题
1. 治理架构—战略编组—中枢机构—平台与组织运作（AT&ST&EMT&MC）
2. 干部管理
3. 人才与专家管理

眼镜蛇[①] & 熵减

◎ 组织的阶段性与权变

公司的发展是阶段性的,核心竞争力的目标是不断在变的。一个企业,小胜靠智,中胜靠制,大胜靠势。

组织是容器、是业务承载体,不能轻视更不能忽视。企业的发展阶段不一样,连校园招聘的要求都不一样。当产品结构、客户结构、行业结构、区域结构等发生变化,组织也需要权变。美国的商业那么强大,美国企业也都是从小公司演变过来的,小公司每成长一步,架构更改一步,干部换一拨。等到成长为大公司时,架构才能稳定。小公司的发展过程中内部架构一定是一次次被优化、叠加。今天看到的华为,好像是攻不破的"堡垒",是因为华为体系的建立与美国小公司成长过程是一样的。

---

① 眼镜蛇指组织与流程应像眼镜蛇一样,蛇头不断地追随目标摆动,拖动整个蛇身随之而动,关节之间并不因摆动而不协调。

◎ 组织设置6要素

1. 专门化；

2. 部门化；

3. 指挥链；

4. 管理幅度；

5. 集权与分权；

6. 正规化。

◎ 管理终须回归人

组织需要变、变、变，熵减就是为组织而生。一个有追求的企业，一个发展的企业，组织每年都要变，必须要变。变化就是为了打破舒适区，让管理真正回归到人。靠流程只能做到 60 分，想达到 90 分就要利用人的能力。

务虚与务实两套班子两套机制

◎ 这就是我所追求的领导方法

陈彦平给华为员工培训时讲过马歇尔和巴顿的故事。任正非当时就跟他讲,不要将巴顿和华为比,华为的任务是建设,巴顿的任务是破坏。

企业管理中不适合使用战争方法及军人勇士。后来陈彦平醒悟地认识到,马歇尔才是二战时期伟大的将军。马歇尔计划平衡了格局,50年后控制了世界,瓦解了苏联。

任正非说:"我不是站在阶级的观点来看这个问题,而是站在方法论的观点来看这个问题。就是说我们关注的是现实、是未来、是环境,而不是自己的权力。这就是我所追求的领导方法。"

"在华为公司,最无所事事、最不管具体事、最不干预事情的、最不抓权的就是我,其实我是为大家发展创造环境。每个领导者也要学会领导方法,去创造环境,让人家奋斗,一定要看到部属的成功就是你最大的成功。"

◎ 多多务虚

共识问题是企业的大成本,而且常常是最大的成本。一个人只有执行自己的想法,效率才最高。

务虚的目的就是统一思想、统一认识、统一行动。

务虚的人干四件事:一是目标,二是措施,三是评议和挑选干部,四是监督控制。

管理好高层干部和核心人才

◎ 如何识别一个好干部？

区别一个干部是不是一个好干部，标准有八个：敬业精神、献身精神、责任心、使命感，以及干部四力——决断力、执行力、理解力、与人连接力。

正职必须敢于进攻，文质彬彬、温良恭俭让、事无巨细、眉毛胡子一把抓，而且越抓越细的人是不适合做正职的。

正职必须清晰地理解公司的战略方向，对工作有周密的策划，有决心，有意志，有毅力，富于自我牺牲精神，能带领团队，不断实现新的突破。这就是"狼"的标准。

不要把副职岗位用来锻炼继任人选。

◎ 在实战中提拔和培养干部

"宰相必起于州郡,猛将必发于卒伍。"

人才的培养逻辑是,当某个人在岗位上干出成绩后,就把他提拔到更高的职位上,一方面给他一些知识培训,另一方面容忍他犯错,给他成长空间。新干部可能会给公司带来损失,也会给公司带来利益,同时获得成长。

360度的人才评估往往会评出好好先生。华为提拔余承东的时候,很多人说他性格太直,不适合做高管,任正非却坚持提拔,因为他敢于对结果负责。

Tips

高水平领导和低水平领导的区别

高水平领导：

刘亚楼，你记一下。我做如下部署调整：

以4纵、11纵，加两个独立师强化塔山防线；

2、3、7、8、9五个纵队，加6纵17师，包打锦州；

10纵加1个师，在黑山、大虎山一线，阻击廖耀湘兵团；

12纵加12个独立师，围困长春；5纵、6纵两个师，监视沈阳；

1纵做总预备队。

低水平领导：

你们各部要清醒认识当前战形势的严峻性、复杂性，细化各级管理职责，强化主体责任和命令责任制落实。要明晰责任、扛牢责任，把责任感转化为事事有底的行动力，不断夯实基础，压实各方责任，认真履职尽责。

增长型干部的 6 个特点

1. 绝不说不（特别是第一时间）；
2. 旺盛的激情；
3. 与人连接（外部）强；
4. 善于开拓；
5. 善于造势；
6. 强烈的成功导向。

◎ "狼狈计划"

组织设计，讲究优势互补。组织里不是厉害的人越多越好，而是通过"狼狈计划"取长补短来搭配工作。组织设计的目的就是让平凡的人做出不平凡的业绩。

在华为，"一把手"都狼性十足，风风火火，进攻性十足，不断想办法把自己业务做大，在组织中争取话语权。"二把手"可以把内部事务管理起来，这样就形成了狼狈搭配。

◎ 个人领导的四种方式

一是骑手,亲自冲锋陷阵。如霍去病,小小年纪有勇有谋,17 岁时选为先锋,第一次实战就杀敌 13 人。

二是棋手,带着干,控制组织里的一举一动。如国际象棋大师加里·卡斯帕罗夫所说:"没有一颗棋子在行动时会自己思考,也没有一颗棋子会从自己独特的角度来看待整个棋盘,并且提出行动建议,更没有一颗棋子会大叫着提出警告,说本方或它自己正面临危险。棋手必须完全依靠自己去观察、决定并且行动。"

三是旗手,指挥着干。旗手是指在队伍、团体或组织中举旗的人,他们通常担任领导角色或负责指导队伍的其他成员。旗手的作用在于展示队伍的统一和团结,带领队伍前进,并在精神上激励队伍成员,带领着队伍冲锋陷阵。

四是园丁,无为而治。播种、培养、收获,然后双眼紧盯,双手放开。园丁不可能真正地让番茄、南瓜和豆类"生长"起来,他能做的只是构建一个良好的环境,让作物茁壮成长。

◎ 人才飞轮

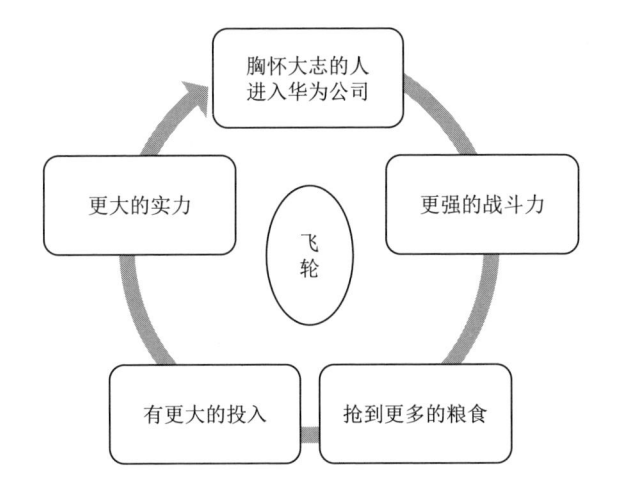

```
          胸怀大志的人
          进入华为公司
         ↗            ↘
    更大的实力        更强的战斗力
        ↑     飞 轮      ↓
     有更大的投入 ← 抢到更多的粮食
```

要欢迎那些胸怀大志的人进入华为公司。他们将是华为公司一支很强的生力军。在这种情况下，华为公司会有更强的战斗力，有更强的战斗力就可以抢到更多的粮食，有更多的粮食就可以更大的投入，有更大的投入就有更大的实力，这几个"更"，就形成了良性循环。

Tips

华为公司反对什么样的高层干部

1. 我们非常多的高级干部都在说空话,说话都不落到实处,"上有好者,下必甚焉",因此产生了更大一批说大话、空话的干部。现在我们就开始考核这些说大话、空话的干部,实践这把尺子,一定能让他们扎扎实实干下去,我相信我们的淘汰机制一定能建立起来。

2. 如果我们的价值评价体系的导向是不正确的,就会引发行为英雄化。行为英雄化不仅会破坏公司的流程,严重的还会导致公司最终分裂。

3. 我们反对高级干部个人英雄特别是个人英雄主义,基层员工鼓励英雄出现。

4. 精简的对象也可以是高级干部,高级干部有什么不可以淘汰的?平庸、惰怠和落后的高管淘汰了,下面优秀基层员工就可以升上来成为高级干部,淘汰一个落后的高管可以支撑好几个优秀员工的激励。

5. 公司培养一个干部很不容易,常务董事会研究处理干部,每次给我汇报时,我都很痛心。其实通过努力为公司作出贡献获得的利益更大,华为总体待遇不低,高级干部的待遇收入更高。为了一点小小利益去做不正确的事,不值得!

6. 华为用美国军队的名言"上过战场、开过枪、受过伤"来提拔干部,没有在艰苦地方工作过是不能升为高级干部的。

第三篇　卓越 CEO 的五项修炼（E4S）

S3（skill）流程与方法论

技术的进步可能是一时的，世界级公司的竞争力体现不在于技术，而在于管理。企业未来的竞争是管理的竞争，而管理留给公司的财富只有两样：一是管理架构、流程和 IT 支撑的管理体系，二是对人的管理和激励机制。对于企业来说，什么都可以买来，唯有管理买不来。流程和方法论就是让企业做正确的事和正确地做事，这决定了企业的效率。一个企业生存发展的基础靠的就是管理的不断进步，这也是企业从必然王国走向自由王国的关键。

"要做什么"的思考题
1. 质量、成本、创新（IPD）　2. 集成产品操盘（IPMS）
3. 大客户经营管理（LTC）　4. 制造（ISC）
5. 采购（procurement）　6. 服务交付（ITR）
7. 销售与运营计划（S&OP）　8. 经营与复盘
9. 计划预算核算与运营资产效率

老板是流程最大的建设者，也是最大的破坏者

◎ 用规则的确定性应对结果的不确定性

哈默在《企业再造》一书中，提出了 3C 力量，分别是客户（customers）、竞争（competition）、变化（change）。客户排在第一位。

客户的需求是不确定的，对于企业来说，流程是企业应对业务不确定性的唯一抓手。流程就是围绕客户价值创造、增值而制定的规则。

同样，对于企业内部的管理而言，流程也是管理的抓手。1 万人的公司和 10 万人的公司，通过流程进行管理不需要增加 10 倍的工作量，而是通过流程抓住管理不确定性背后的相对确定性。

让企业永续经营的是流程，企业对外通过流程抓住客户需求，对内通过流程促进管理效率的提升。用规则的确定性应对结果的不确定性。

◎ 流程与方法论

管理体系的建立有组织、流程和 IT 三个关键要素。

流程和方法论支撑了一家企业管理体系的建立，也保证了企业组织级能力的构建，它保证企业可以不依赖英雄式的人物，能够让普通的员工做正确的事以及正确地做事，让业务从不确定的成功到持续的成功。

华为通过二十余年的持续变革，构建齐了 17 条 L1 级端到端流程，包括执行、使能和支撑三大类。

CEO 的五项修炼

Tips

华为 17 条主干流程架构

业务流程框架

Operating 执行类
- 01 IPD(Integrated Product Development)集成产品开发
- 02 MTL(Market to Lead)市场到线索
- 03 LTC(Lead to Cash)线索到回款
- 14 CHS(Channel Sales)渠道销售
- 16 Retail 零售
- 17 Cloud BU 云BU
- 04 ITR(Issue to Resolution)问题到解决

Operating 流程：客户主要价值创造流程，端到端的定义为完成对客户的价值交付所需的业务活动（What to do），并向其他流程提出协同需求

Enabling 使能类
- 05 DSTE(Develop Strategy to Execute)开发战略执行
- 15 MCI(Manage Capital Investment)管理资本运作(机密流程)
- 06 MCR(Manage Client Relationships)管理客户关系
- 07 SD(Service Delivery)服务交付
- 08 ISC(Integrated Supply Chain)集成供应链

Enabling 流程：响应 Operating 流程的需求，用以支撑 Operating 流程由价值实现

Supporting 支撑类
- 09 Procurement 采购
- 10 Manage HR 管理人力资源
- 11 Manage Finances 管理财经
- 12 Manage BT&IT 管理业务变革&信息技术
- 13 MBS(Manage Business Support)管理基础支持

Supporting 流程：公司基础性的流程，为使整个公司能够持续高效、低风险运作而存在

◎ 流程和方法论决定了企业的效率

从宏观商业模式角度看，企业产品发展的路标是客户需求，企业管理的目标是流程化组织建设。从微观商业模式角度看，一部分有效和谐的流程和方法论可以完成企业管理诸元素从端到端、高质、快捷、有效的管理。

为什么只是一部分方法论就行，而不是越多越好呢？成功的方法可能有很多，但一个企业只能选择一条实践。太多的方法论会相互抵消，反而降低效率。就如同书读得很多，如果不活学活用，多读书不一定是好事，能做到学而不惑和知行合一的人并不多。

◎ 什么是职业化？

职业化就是在同一时间、同样的条件下，做同样的事的成本更低。

企业为什么要重视管理？因为企业留给我们的财富就是管理！如果没有管理，企业能留给我们的就是一大堆债务。华为在管理上花了非常多的钱，这个管理谁都带不走。

一批熟练应用规则、流程、方法的人就是职业化的人。

◎ 建立流程性组织是管理的目标

管理者的职责是进行创新和变革,然后把创新和变革,通过萃取最佳实践的方式,用流程固化下来。建立起流程性组织,管理效益有了,管理价值有了,企业战斗力也随之而来。

Tips

从正三角到倒三角的流程型组织

流程型组织的一个改变是组织的金字塔由正三角变成倒三角。这样转变后,客户在组织三角形的上面,员工在顶端,各位领导和管理者去服务员工,而不是管理员工。在流程型组织中,谁服务客户谁就是老大,谁服务客户谁就是领导,不服务客户的人都是服务员,为服务客户的人做服务。

比如服装行业的流程变革,应该以门店为中心,而不是以总部为中心。因为门店是产生效益的地方,门店员工不高兴,店长不高兴,客户不会高兴,公司效益就出不来。谁服务客户,就以他们为中心来进行流程再造。倒三角的流程型组织,让组织发挥出巨大的活力。活力的源泉,就是让员工面向客户,活力就是让员工在服务客户中获得成长,活力就是员工在面向客户后获得回报,管理者变成领导者。

质量问题没有灰度

◎ 没有质量，就没有未来

成本和质量是工业经济时代的产物和主要灵魂，是企业的生命和自尊心。

先进的武器，并不一定代表战斗力，战斗力还是来自管理。管理水平、质量、成本，都是一点一点抠出来的。

1. 质量领导力：质量管理一定要从领导层抓起，核心是要让各级主管能够更好地质量担责，发挥质量领导力。

2. 质量管理体系：包括产品质量、服务质量、合同质量、网络安全和隐私保护、人身安全、合规要求等构筑在各业务的流程中，构建起端到端的质量管理体系。

3. 产业链质量：要将质量进步的方式延伸到供应商、分包方和合作伙伴，推动整个产业链的进步，共同提升质量，构筑面向客户的高质量。

◎ 质量文化

大质量管理体系需要介入公司的思想建设、哲学建设、管理理论建设等方面，形成质量文化。

法国波尔多地区只出产优质葡萄酒，从种子、土壤到种植等形成了一整套完整的文化，这就是产品文化，没有这种文化就不可能有好产品。

每个人都愿意兢兢业业地做一些小事，这就是德国、日本的质量科学，没有这种文化就不可能有德国、日本这样的精密制造。

◎ 终端三大风险

第一，库存风险，是最大的风险；

第二，供应商风险，供应商一直要求同一个零部件要有两款手机使用；

第三，质量风险，是最典型的风险。

做什么成什么

◎ 产品的核心竞争力

华为的产品也许不是最好的,但那又怎么样?什么是核心竞争力?选择我而没有选择你就是核心竞争力。

产品公司 & 产品哲学

一家产品公司的基本使命是做出产品、做好产品、做出好产品。华为的产品哲学就是:

1. 为客户服务是华为存在的唯一理由,客户需求是华为发展的原动力。

2. 质量好、服务好、运作成本低,优先满足客户需求,提升客户竞争力和赢利能力。

3. 持续管理变革,实现高效的流程化运作,确保端到端的优质交付。

4. 坚持业务为主导,要敢于创造和引导需求,取得"机会窗"的利润。也要善于抓住机会,缩小差距,使公司同步于世界而得以生存。

◎ 产品观——磐石 7 力

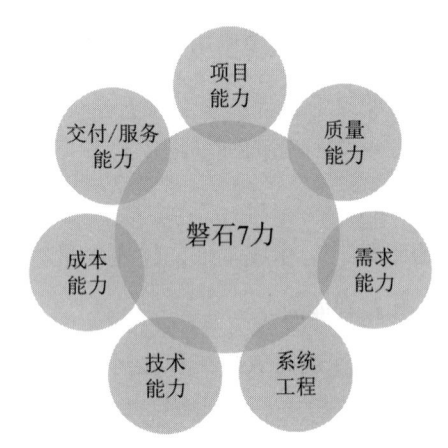

◎ 产品观

产品观是一家企业最头等的核心竞争力，此外还包括未来观、战略观、客户观、服务观。

1. 打磨了无数次、自己的做产品的流程，而非像创业公司或其他白丁一样做产品。
2. 有一支经历了风雨、见过世面的产品规划师团队。
3. 有一支至少投入 5 年的研究底层技术的高水平的设计大师团队（包括 HLD、LLD 的）。
4. 质量一票否决，创造一种员工极度负责、眼睛里容不下一个 bug（缺陷）的产品文化。
5. 有合格的产品团队的领袖。
6. 作为利润中心进行经营与管理。
7. 遵从 PQRSTCD，尊重"少即是多"，遵从"三不三不"[①]，

[①] "三不三不"：不多也不少，不快也不慢，不早也不晚。

CEO 的五项修炼

遵从 5*30%[1]。

8. 追求数一数二。

---

[1] 5*30%：质量比别人好 30%，成本、上市时间、服务、功能、性能共 5 项均比别优 30%。

◎ 成本 DNA

成本委员会有 6 项核心工作定位：

1. 目标分解：依据公司经营要求转换成成本目标，首先对产品线，同时关注海量产品和公司或产品线指定的有关产品。

2. 平台构建：提供一个大家可以分享经验、教训的平台，逐渐建立成本工作的基因并推广。

3. 比较管理：对关注的产品，在成本工作上进行"比较管理"。

4. 协同运作：帮助各产品线的相关产品，协同端到端的管理和运营。

5. 方法改进：推动和促进成本度量和成本工程工作方法的改进。

6. 落后激励：找出成本改进工作困难的产品线或产品到一定层面去"亮相"述职，直到 EMT。

S4（share）分配与激励

除了流程和方法论外，企业的另外一个关键是人，唯有让企业充满活力，才能基业长青，而分配与激励决定了企业的活力。考核与薪酬体系是全世界最难的一项企业管理命题。每一个企业家都应该问问自己：我们有 5 万字的薪酬管理系统文件吗？我们有分层分结构的激励方案吗？我们的激励措施导向了冲锋、多打粮食、增加土地肥力吗？实际效果如何？华为认为：市场压力应该在企业内无衰减地传导，直到每个人身上，每一个人都要承担自己的责任。而以奋斗者为本，就是要将价值创造、价值评价、价值分配，合理地导向组织活力这根准绳。

"要做什么"的思考题
1. 价值创造优先于价值分配　　　2. 激励有三种：机会、精神、物质
3. 短期激励与中长期激励　　　　4. 组织绩效与个人绩效　　　　5. 薪酬体系

CEO=CHO

◎ CEO=CHO

CEO 就是最大的 CHO（首席人力资源官），没有 CHO 可以替代 CEO，可以做得了管理者的主。

价值分配的前提是价值创造和价值评价，CEO 是价值分配的核心主导，要建立不同人群的差异化评价机制。

作战类人员要以作战结果来评价；资源类人员以 UR[①] 和项目评价来衡量；能力类人员要体现战略导向，要考试加考核，增加一线评价；管控类人员要通过数字化减少中间传递层，定岗定编，通过考军长等方式识别南郭先生。

---

① UR：use ratio 的缩写，使用率，一般指人员的使用效率。

先有鸡才有蛋

◎ 人才是最大的财富

必须清醒认识人才的价值，人才是公司最大的财富。汇聚人才并创造价值，使其价值最大化才是发展的基石，而非将财务资本等的重要性置于人才资本之上。

◎ 先有鸡，后有蛋

对于企业而言，一定是先有鸡，后有蛋。

社会保障机制是基础，上面的获取分享制是一个个的发动机，确保了两者，企业一定会持续发展。"先有鸡，才有蛋"，企业管理者对未来有信心，敢于先给予，再让奋斗者创造价值。只要激励是导向冲锋，企业将来一定会越来越厉害。

考核与薪酬体系是全世界最难的一项企业管理命题

◎ 驱动华为发展的唯一要素是人力资源管理

《华为人力资源管理纲要 2.0》提道:"人力资源管理是公司商业成功与持续发展的关键驱动要素。"

驱动华为发展的要素,没有之一,就这么一个人力资源管理。方向大致正确说的是战略和价值创造的导向,而组织充满活力,即价值的分配与激励。

◎ 价值的逻辑

人力资源管理的实质就是价值分配链的管理,包括远期价值和现实价值。而现实价值又分为价值创造、价值评价和价值分配。

为什么要价值创造?为谁而创造价值?谁创造价值?这三个问题从哲学角度而言,就是企业存在的本质、意义和理由三问。劳动者和企业家共同为客户创造价值,企业也因为客户的价值增值而存在。

◎ 以奋斗者为本

奋斗是为客户创造价值的所有细微活动,并非仅指干出了惊天动地的大事。

奋斗者就是基于岗位责任的绩效贡献者。所有的企业都应该追求一种高绩效文化,追求奋斗者的贡献大于成本。

企业管理者一定要把做出贡献的人和没有贡献的人区分开,通过合理的组织机制清理没有贡献的人。

◎ 激励

激励分为机会激励、精神激励和物质激励。

"光是物质激励,就是雇佣军,雇佣军作战,有时候比正规军厉害得多。但是,如果没有使命感、责任感,没有这种精神驱使,这样的能力是短暂的,只有有使命感和责任感驱使的正规军才能长期作战。"

物质激励就是要把英雄的盘子划大,敢于表彰,推动员工的长期自我激励。

◎ 方向大致正确，组织充满活力

方向大致正确，组织充满活力，是华为的成功之道。

敢于激励、会激励的组织一定充满活力。"不让雷锋吃亏""以奋斗者为本"在华为都通过一系列的方法实施落地，华为既定义了奋斗者，又定义了价值来源，构建了价值的评估和分配体系，灵活运作兼顾短期利益和长期利益的分配机制，留住奋斗者。确保组织"利出一孔"和"力出一孔"，使组织激励的效果最大化。

\附录\

自评自测表

1.CEO—E4S 修炼时间分配自评表

CEO—E4S 修炼时间分配自评表			
模块时间分配	参考标准	实际分配	匹配度(实际时间/参考标准)
战略&客户	40%		
组织&干部	30%		
流程&方法论	20%		
分配&激励	10%		

CEO 的五项修炼

2. CEO—E4S 修炼任务项目评分表

五项修炼	修炼项目分类	1分（完全不符合）	2分（少部分符合）	3分（基本符合）	4分（大部分符合）	5分（完全符合）
开放与赋能	您的企业是否正在以共同价值（含底线/红线）和愿景驱动业务发展？					
	您是否在着力构建企业文化与高管意志（促进行为准则协同和一致）？					
	您是否有计划地进行人才发展之教育赋职能（含领导力）？					
战略与客户	您是否每年刷新核心业务单元的战略（含产品、区域、供应链）？					
	您是否每年刷新企业的财务战略—HR 战略—品牌战略？					
布阵点兵	您是否关注企业的治理架构、战略编组、中枢机构、平台与组织运作（AT&ST&EMT&MC）？					
	您是否关注干部管理体系的建设和有效性？					
	您是否关注核心岗位人才与专家管理体系建设与有效性？					

续上表

CEO—E4S 修炼任务项自评表

修炼项目分类		1分（完全不符合）	2分（少部分符合）	3分（基本符合）	4分（大部分符合）	5分（完全符合）
五项修炼	流程与方法论	您是否主导构建了有效的质量、成本、创新（IPD）流程？				
		您是否主导构建了有效的集成产品操盘（IPMS）流程？				
		您是否主导构建了有效的大客户经营管理（LTC）流程？				
		您是否主导构建了有效的制造（ISC）流程？				
		您是否主导构建了有效的采购（procurement）流程？				
		您是否主导构建了有效的服务与交付（ITR & SD）流程？				
		您是否主导构建了有效的销售与运营计划（S&OP）流程？				
		您是否主导构建了有效的经营与复盘体系与方法？				
		您是否主导构建了有效的计划预算核算与运营资产效率体系？				

CEO 的五项修炼

续上表

CEO—E4S 修炼任务项自评表

五项修炼	修炼项目分类	1分（完全不符合）	2分（少部分符合）	3分（基本符合）	4分（大部分符合）	5分（完全符合）
分配与激励	您是否构建了有效的价值创造优先于价值分配体系？					
	您是否主导构建了有效的机会、精神、物质激励体系？					
	您是否主导构建了有效的短期激励与中长期激励体系？					
	您是否主导构建了有效的组织绩效与个人绩效体系？					
	您是否主导构建了有效的薪酬体系？					
总分						